VOTRE CORPS
A UNE MÉMOIRE

Myriam Brousse
avec la collaboration de
Valérie Péronnet

Votre corps a une mémoire

Marabout

Du même auteur

La Descente dans le corps. Mémoires cellulaires : art sacré, Aubagne, Quintessence, 2007.
Le Corps ne le sait pas encore. Mémoires cellulaires : chemin de conscience, Aubagne, Quintessence, 2007.

Sommaire

J'étais mourante…

Un matin, au réveil, je baignais dans mon sang. À l'hôpital, ils ont vite diagnostiqué : cancer des ovaires. Ils ont ouvert, enlevé, refermé, et puis ils m'ont dit que c'était fichu. Trop tard, trop avancé. À leur avis, il me restait un an de vie, à peine. Et encore : dans le demi-sommeil pâteux de la sortie d'anesthésie, j'ai entendu une voix dire à une autre voix : « Je ne vois même pas pourquoi on opère des gens comme ça… Elle est cuite, je ne lui donne pas trois mois. » Je n'avais pas tout à fait quarante ans et j'allais mourir. Comme ma grand-mère et ma mère : trop jeune, et du même mal.

J'étais écartelée de douleur, mais aussi folle de rage d'être foudroyée par cette chose que je ne maîtrisais pas. Je ne comprenais pas ce qui m'arrivait, ni pourquoi ça m'arrivait. J'étais démunie, perdue. Puisque j'étais mourante, il ne me restait qu'à mourir…

Je me souviens très bien de l'arrivée de cet homme tibétain, un matin, dans ma chambre d'hôpital. Il était là, debout devant mon lit, et moi, quand je l'ai vu, j'ai cru que j'étais passée dans l'autre monde. Il m'a expliqué qu'il était envoyé par une de mes amies, et il m'a demandé : « Est-ce que tu veux vivre et guérir ? » Je ne savais pas. J'avais si mal que je voulais seulement que ça s'arrête. Et puis j'ai pensé à ma fille, que je voulais continuer de voir grandir. Et j'ai pensé que je voulais comprendre. Trouver un sens à tout ça. À mon mal ; à ma vie… J'ai fini par dire oui. L'homme m'a regardée très tranquillement et m'a répondu : « Très bien, je vais t'aider, mais à trois conditions. D'abord, tu essaies de revenir dans la vie en en trouvant le sens. Ensuite, tu fais tout ce que je te dis. Et enfin, quand tu iras bien, tu transmettras ce que tu as appris. »

Voilà comment tout a commencé.

Il est venu me voir tous les jours. En arrivant, il demandait : « Tu veux vivre aujourd'hui ? » Quand le combat était trop éprouvant, la peur paralysante, je répondais non. Alors il repartait, sans rien dire, et je restais seule avec mon supplice. Des heures et des jours à errer dans ma souffrance, en quête de sens…

Mais la plupart du temps, j'ai dit oui. Et il m'a appris.

D'abord, il m'a montré comment ne pas fuir dans la morphine et comment affronter ma douleur. L'écouter, pour entendre ce qu'elle avait à me raconter. La suivre sans la lâcher, pour lui trouver un sens. La traverser, pour continuer d'avancer. J'ai découvert, senti, ressenti. J'ai pris le risque de diminuer les doses d'analgésiques pour ne pas perdre contact avec ce qui se passait dans mon corps. J'ai accepté d'avoir mal, un peu, beaucoup, puisque je devais en passer par là. J'ai fait cet étrange voyage jusqu'au bout, jusque là où la souffrance vous lâche et s'inverse pour laisser place à l'apaisement.

Il m'a appris, aussi, à chercher pourquoi et comment j'avais fini par échouer là, aux portes de la mort. J'ai commencé à fouiller, en arpentant les événements de mon existence, depuis le début. Petit à petit, j'ai mis des mots sur les choses, exploré mon passé sous un éclairage nouveau… C'était comme si je reprenais pied en moi-même. J'ai senti que toutes les souffrances engrangées depuis si longtemps avaient raidi mon corps, jusqu'à l'empêcher presque complètement de vivre.

J'ai vu se dessiner, avec de plus en plus de netteté, les ombres et les lumières de mon histoire. Je me suis souvenue d'instants de lumière, de chaleur et d'odeurs particulières. Et, dans un patio blanc, d'une fontaine d'eau pure et d'une femme douce qui me tendait les bras. Je m'y jetais de toutes mes forces, et ça me remplissait de bonheur. Je me suis souvenue d'un chatouillis au creux de mon ventre, et de la chaleur des bras et des seins au creux desquels je me blottissais.

Et puis, un matin, sans que j'aie la moindre idée de comment j'étais passée de l'un à l'autre, je m'étais retrouvée dans un salon froid, sous les yeux d'une grand-mère austère et d'une tante qui détestait les petites filles. Au fond du salon, un petit garçon blond et rieur avait toutes leurs faveurs – « Comme il aime son père, celui-là… » Dans mon ventre, le chatouillis s'était transformé en une étreinte qui faisait mal. Ma mère n'était plus là, et mon père non plus. Les autres aimaient mon frère, mais pas moi. Qui étais-je ? Où étais-je ? Que se passait-il et pourquoi ?

Je me suis souvenue des jours qui avaient suivi, où l'on chuchotait la mort de ma mère. De la douceur dont on entourait mon petit frère et du regard vide qu'on posait sur moi. Je sentais que j'étais de trop, que je gênais. Mais je ne savais pas quelle faute on me reprochait, ni ce que j'avais fait pour mériter ça.

Des otites à répétition m'ont appris que pour être aimée, ou au moins recevoir un semblant d'attention, il fallait que je sois malade. Alors, j'ai été malade, souvent. Trop, sans doute… Un dimanche après-midi, on m'a emmenée chez les religieuses, c'était plus simple pour tout le monde. J'avais sept ans. Il m'est revenu, le goût de métal et de désespoir de ce dimanche-là. L'odeur de cire et de soupe du parloir et le baiser sec de la sœur chargée de m'accueillir. Je me suis souvenue d'avoir pensé que je devais sans doute être la cause d'un grand malheur et que je n'avais plus qu'à me taire et me plier aux règles du pensionnat.

Quand le besoin de chaleur et d'amour était trop fort, je tombais malade, ou faisais mine de l'être, pour aller me blottir à l'infirmerie.

Le jour de mes douze ans, la mère supérieure m'a convoquée dans son bureau pour m'annoncer qu'elle avait entendu pour moi l'appel de son Dieu, et qu'il fallait que je me prépare à devenir religieuse. J'ai refusé. Je n'avais qu'un désir : sortir de ce couvent. En attendant, j'ai passé des semaines à l'infirmerie, à étouffer d'interminables bronchites. C'est comme ça que j'ai décidé d'être médecin, pour soigner ceux qui sont malades ou qui, comme moi, ont besoin de l'être pour se faire aimer. J'ai fini par me retrouver étudiante en médecine…

Je me suis souvenue, encore, du jour où l'on m'avait offert un baptême de l'air. J'étais en deuxième année. Mon regard avait croisé celui du pilote, et j'avais senti à nouveau le chatouillis si doux de mes deux ans et demi. Quand il m'a prise dans ses bras, c'était bon, c'était chaud, c'était à nouveau l'espoir. La vie. Même si, dans mon ventre, je sentais, tapie, la peur d'un danger imminent qui mettrait fin, d'un coup, à cet émerveillement. Même si s'y mêlaient les regards froids, accusateurs, de ma grand-mère et de ma tante auxquels je n'avais toujours pas trouvé de cause.

Ma robe de mariée était prête, l'année de mes vingt ans, quand le téléphone a sonné. L'avion de mon pilote, mon fiancé, venait de s'écraser. Et avec lui, tout mon avenir.

Je me suis souvenue de la maison froide comme un parloir, peuplée de blouses blanches, de paroles douceâtres et d'airs compatissants dans laquelle j'essayais de mourir. Ils disaient « dépression ». Moi, je sentais au creux de mon ventre, exactement au même endroit que la peur, qu'être malade ne suffisait plus, et que tout en moi se détachait de la vie, de vertige en vertige, dans le vide et le désespoir.

Un jour, j'ai su que je devais faire quelque chose de ma vie au lieu de la laisser s'enfuir. J'ai quitté la maison de repos et j'ai laissé un souffle puissant me pousser : et si la mère supérieure de mes douze ans avait eu raison ? Si mon refus de l'appel de Dieu avait coûté la vie à mon fiancé ? Alors, je suis entrée au carmel.

Je me suis souvenue de ces nouvelles années d'enfermement. Des années rudes et douloureuses, qui me sont chères pourtant, passées à chercher des réponses aux « pourquoi » et aux « comment » qui me taraudaient depuis l'enfance. À appeler un Dieu que je ne trouvais pas. À écouter mon corps, dépouillé de tout plaisir, pour saisir ce qui l'habitait à chaque instant. J'ai eu beaucoup de réponses. Un jour de Pâques, au bout de cinq ans, j'ai compris qu'il y avait un sens à tout cela, sans savoir lequel. Je me suis sentie vivante, habitée, et je suis repartie dans la vie, pour essayer de le trouver.

La vie ! Mes retrouvailles avec le monde ! Plus question d'études de médecine – ma sortie du carmel m'avait définitivement brouillée avec ma famille, qui m'a coupé les vivres. J'ai trouvé une place de fille de salle à l'hôpital. J'ai appris à soigner les corps des autres. Je suis devenue l'assistante d'un médecin. Puis je me suis éloignée en allant vers d'autres horizons. J'ai appris le commerce, l'industrie.

J'ai appris, aussi, mon propre corps... L'amour, le désir, le plaisir, la maternité. Les chagrins, les bonheurs, les ruptures, les peurs. La recherche éperdue des chatouillis si doux de mon enfance, de bras en bras. Une vie follement tendue de mère et finalement de chef d'entreprise et de femme amoureuse, aussi. Et abandonnée par l'homme que j'aimais, quelques semaines avant ce matin où je me suis réveillée mourante, baignant dans mon sang.

Et depuis toujours, en filigrane, comme tatoué dans chaque cellule de mon corps, ce besoin de comprendre et de trouver un sens, sans que je sache où ni comment chercher...

Quand je suis entrée dans cet hôpital, baignant dans mon sang, j'étais cartésienne, rationaliste. Je n'avais aucune idée de ce qui était en train de se produire dans ma vie. Mais jour après jour, pendant dix ans, ce sage tibétain m'a appris à porter sur la vie un nouveau regard, à écouter différemment, à sentir et ressentir de tout mon être. Et je sentais que c'était bon pour moi. Au fur et à mesure que mon corps comprenait et se libérait de ses empreintes douloureuses, mon esprit cheminait et mon regard changeait.

Le sage tibétain m'a menée jusqu'aux frontières de la peur de la mort.

Il m'a ouvert les portes d'une autre existence, où l'on se libère plus qu'on ne guérit. Il a délié ma parole et ma conscience. Il m'a accompagnée et encouragée à aller au-delà de mon intellect, puis de mes émotions, pour entrer en contact avec mes sensations et écouter ce que le corps dit à travers elles. Il m'a aidée à réveiller la mémoire de ma chair, qui portait en elle l'origine de mes douleurs, les empreintes et les impacts de toutes les crispations de mon existence et de mon héritage. Il m'a montré comment ne pas en avoir peur et comment retrouver cette mémoire, la suivre jusqu'à sa source pour la désamorcer et m'en délivrer.

Il m'a expliqué que la parole aide à traverser les couches de mémoire agglomérées tels des sédiments, mais que ça ne suffit pas. Il m'a aidée à sentir au plus profond de mes entrailles, de mes muscles, de mes nerfs, de ma carne, qu'il avait raison. Et j'ai compris, en l'expérimentant, qu'il faut transformer ce qui a été froissé, tordu dans le corps, en lui donnant un nouveau mouvement.

Je suis passée par une grande douleur… Elle a fait remonter ma mémoire enfouie, et la révolte contre mes souffrances d'enfance. La disparition de ma mère, le désert d'amour dans lequel son absence m'avait précipitée. L'indifférence cruelle de mon père, qui finalement n'était pas mon père. La haine tenace de sa famille, qui n'avait pas voulu aimer l'enfant naturelle que j'étais, et m'avait traitée comme une étrangère fautive. Rien de tout cela ne m'avait été raconté, mais tout était là, en moi, engrammé dans ma chair… Il m'a « suffi » d'apprendre à l'écouter. Mais ça m'a pris des années !

Je suis arrivée petit à petit à entendre et accepter ce qui venait de mon corps. Au bout de deux mois, je suis sortie de l'hôpital. J'avais tout perdu, mais ça n'avait pas d'importance. Je savais que j'avais quelque chose à faire de ma vie, même si je ne savais pas encore quoi.

J'ai fini par reprendre des forces. Je me suis sentie mieux de jour en jour. J'avais été mourante, mais je ne suis pas morte.

J'ai découvert la psychologie, et tout ce qui pouvait m'aider à trouver un sens : le yoga, la psychanalyse, l'acuponcture, la généalogie, les massages… Je suis allée voir des professeurs et des guérisseurs, des médecins et des chamans, jusqu'aux Philippines. J'ai cherché dans les religions, les cultures, les rites et les traditions. Rien ne me suffisait. Côtoyer chaque jour mon maître tibétain m'avait ouvert l'esprit, et la porte d'un monde sans *a priori*, où les hommes avec ou sans diplômes se transmettent des savoirs dont ils ignorent souvent l'origine, mais qu'ils ont éprouvés, générations après générations, souvent sans pouvoir les expliquer. Voilà comment j'ai découvert les livres du yogi breton Satprem, qui m'ont menée à Mère et Sri Aurobindo, ses maîtres indiens. Ils parlaient de « mental des cellules », de mémoire ancrée dans le corps. Et je sentais que c'était juste. Ils disaient que tout vient de là, sans dire comment ni pourquoi. Leur langage était hermétique. Il me fallait le décoder au travers des expériences vécues pour le comprendre et l'intégrer.

Un jour, mon maître tibétain m'a dit : « Fais ce que tu as appris », et puis il est parti. Je me suis mise à faire ce que j'avais appris. Des gens ont commencé à venir me voir. Je les ai aidées, comme mon maître tibétain m'avait aidée, à écouter leur corps et à libérer leur mémoire pour qu'elles puissent aller mieux.

J'ai vu ces personnes traverser, à leur tour, ce que j'avais traversé. Avec elles, j'ai continué de chercher, inlassablement, des « comment » et des « pourquoi ». J'ai compris et vérifié mille fois à quel point notre mémoire est inscrite dans notre chair. Et que pour aller mieux il faut « descendre » dans le corps pour rencontrer, de façon concrète, l'empreinte de tout ce dont nous avons hérité et de tout ce qui se joue au moment de notre conception, de notre naissance et au cours de la vie. Compris et vérifié aussi que nous sommes des êtres incarnés dans la matière, et que c'est pour ça qu'il faut explorer, dans le corps, l'endroit précis qui va lui permettre d'aller dans sa plus grande souffrance chercher sa plus grande délivrance.

Je ne prétends ni soigner, ni guérir. Mon travail, à moi, c'est d'accompagner celui ou celle qui me le demande dans son propre travail de mémoire, et d'aider ceux qui le souhaitent à libérer leur corps des empreintes douloureuses de cette mémoire, pour qu'ils puissent enfin aller mieux.

Je ne prétends pas non plus tout expliquer, loin s'en faut. Parce que tout n'est pas explicable, même si la médecine avance à grands pas, et que des médecins, dont certains n'hésitent pas à m'envoyer leurs patients ou à venir travailler avec moi, cherchent avec leurs outils scientifiques à comprendre les fonctionnements si complexes et encore obscurs de la mémoire du corps. Et aussi parce que j'ai finalement préféré dépenser mon temps et mon énergie à savoir « comment » plutôt qu'à savoir « pourquoi ».

J'ai passé ces trente dernières années à recevoir des centaines de personnes. C'est en les observant, en les accompagnant, en rassemblant ce que j'ai appris avec elles, qu'il m'est apparu comme une évidence que c'est dans notre vie fœtale que s'engramme la mémoire de notre corps, celle-là même qui résonne tout au long de notre vie et peut nous entraîner dans la souffrance, la mort, le désespoir… Ainsi, j'ai mis au point peu à peu la méthode que j'utilise aujourd'hui : toutes ces années de recherche m'ont permis d'éprouver l'enseignement reçu de mon maître, de le pratiquer, le vérifier, l'étayer, mais aussi de le compléter avant de le transmettre à mon tour. Pour qu'il reste, se développe et transforme le regard et la vie de ceux qui en ont besoin, comme il continue de transformer, jour après jour, mon propre regard et ma propre vie.

Ce qui fait souffrir

« J'ai mal. » « Je vais mal. » « Je voudrais comprendre, trouver un sens à tout ça… » Toutes les personnes qui prennent rendez-vous avec moi en sont là : elles souffrent ou cherchent, et souvent depuis de nombreuses années. Certaines ont fixé leur mal à un endroit précis : « J'ai des migraines épouvantables, au moins deux fois par mois » ; « J'ai tellement mal au dos que je ne peux presque plus bouger » ; « Dès que je me mets en mouvement, j'étouffe » ; « Depuis des années, nous essayons en vain d'avoir un enfant ». D'autres ont développé des maladies chroniques ou agressives qui les rongent plus ou moins lentement ; des cœurs qui lâchent, des tumeurs qui prolifèrent, des eczémas qui n'en finissent pas… D'autres, enfin, ne savent pas, ou plus : elles cherchent à comprendre, à trouver un sens ; sont mal dans leur peau, dans leur tête, dans leur famille, dans leur vie, épuisées de devoir sans arrêt affronter des épreuves, et de voir se répéter les mêmes situations douloureuses, ruptures, accidents, deuils, les mêmes errances.

Je les reçois, je les écoute, je les encourage à raconter leur parcours personnel et familial. Elles sont souvent étonnées, perplexes, parfois un peu gênées : quel rapport peut-il bien y avoir entre un mal de dos chronique et la manière dont se sont rencontrés les parents ? Entre des échecs professionnels ou sentimentaux répétés et la lointaine histoire oubliée de l'arrière-grand-père ? Entre des migraines qui n'en finissent pas et la grossesse perturbée d'une mère, plus de trente ans auparavant ? Entre un cancer du sein et une grand-mère suicidaire ? Comment peut-on espérer sortir de la dépression lorsqu'on descend soi-même d'une longue lignée de dépressifs ? De l'alcool, lorsque la plupart de ses ancêtres étaient alcooliques ? Pourquoi aller fouiller dans les secrets de famille alors que tout le monde s'en accommode si bien et que cela permet de ne pas « faire de vagues » ? Pourquoi, d'ailleurs, prendre le risque de « faire des vagues » ?

La réponse est simple : pour aller mieux. Mais le processus, lui, est assez compliqué, parce que « pour aller mieux », nous avons tous mis en place des stratégies de survie, souvent très puissantes et très efficaces, grâce auxquelles nous pouvons avancer sans devoir affronter ce qui nous fait souffrir, au plus profond de nous. Un peu comme les murs d'un appartement, sur lesquels on colle un papier peint, qu'on recouvre d'une première couche de peinture lorsqu'il est un peu passé, puis d'une deuxième couche quelques années plus tard, avant de coller un nouveau papier, qu'on repeint quand il ne convient plus… Dans le fond, on sait bien que la seule bonne méthode serait de tout décoller pour repartir d'un mur nu. Mais comme il suffit d'un petit coup de blanc pour que tout ait l'air pimpant, c'est quand même bien plus rapide que d'entreprendre un grand chantier ! Le mur, pourtant, est couvert de toutes ces couches. Elles sont là, on ne peut pas faire comme si elles n'existaient pas !

Je l'ai moi-même violemment expérimenté dans ma propre vie : tout ce que notre esprit s'efforce d'oublier parce que c'est insupportable, notre corps le porte en lui. Il s'en souvient et continue d'agir en fonction de cette mémoire, enfouie peut-être, mais néanmoins tatouée dans notre chair. Et l'écho de cette mémoire résonne régulièrement, de plus en plus fort, tant que le corps ne s'en est pas libéré. Je ne sais rien de mon père biologique ; je ne sais pas pourquoi ni comment il nous a abandonnées, volontairement ou pas, ma mère et moi. Mais je sais que cet abandon est un premier impact fondateur dans ma vie. La mort de ma mère, quand j'avais deux ans et demi, lui a fait écho. Ma mise à l'écart de ma famille « paternelle », quand j'avais sept ans, a amplifié cet écho. Et quand j'ai eu vingt ans, la mort de mon fiancé l'a fait exploser, au point que j'ai voulu mourir moi-même ; des années plus tard, lorsque l'homme que j'aimais m'a quittée, mon corps a réagi si violemment que les médecins m'ont déclarée perdue. Et ils avaient sans doute raison. C'est à ce moment précis de ma vie, avec l'aide de mon maître tibétain, que j'ai vu et entendu cet écho, et que je suis allée retrouver sa source, au plus profond de mon corps, pour qu'il cesse de résonner et de me mettre en danger.

Toutes les personnes que j'ai reçues ont un point commun : elles cherchent, sans savoir ce qu'elles cherchent ; elles sentent qu'elles souffrent, mais elles ignorent de quoi. Et, la plupart du temps, même quand elles croient savoir, elles ne savent pas. Parce que tout est brouillé, enfoui, « oublié ». Parce que se sont mis en place depuis des années et des années, et parfois même depuis plusieurs générations, des « pare-feux » qui les aident à contourner l'insurmontable, à ne pas affronter ce qui semble trop dangereux pour elles.

Depuis trente ans, je n'ai pas trouvé d'autre chemin que celui sur lequel je me suis engagée moi-même : pour pouvoir aller mieux, il faut, dans un premier temps, aller à la rencontre de ce qui fait souffrir. Trouver où s'enracine réellement le mal, et ce qu'il a à dire. Accepter de voir ce sur quoi on a jusqu'alors fermé les yeux. Et écouter ce que dit son corps, même si c'est éprouvant, ou inacceptable…

1

Petits soucis, grandes douleurs

Quand la mère d'Hector s'est rendu compte qu'elle était enceinte de Joséphine, Hector, son fils aîné, avait à peine cinq mois. Elle s'est demandé avec inquiétude comment elle allait pouvoir s'occuper et aimer un deuxième bébé, alors que son fils la comblait et l'accaparait déjà tellement. Plus son ventre s'arrondissait, plus il lui était difficile de s'occuper d'Hector, petit garçon remuant qui ne marchait pas encore. Se baisser pour le soulever, le porter, l'attraper, lui demandait un effort physique de plus en plus grand, ce qui provoquait chez elle l'inquiétude constante de faire mal à l'autre bébé, pas encore né. Quand Joséphine est arrivée, en parfaite santé, sa maman s'est sentie soulagée. Et a pu redonner à Hector toute l'attention qu'il demandait : d'ailleurs, il en a profité pour faire ses premiers pas ! Mais s'occuper d'un enfant qui marche à peine demande une attention sans relâche : la jeune maman a eu du mal à materner Joséphine tout en courant après Hector. Elle a fait comme toutes les mères : elle s'est débrouillée comme elle a pu, en parant au plus pressé. La petite fille est souvent restée un peu seule dans son berceau.

Depuis, Joséphine a grandi. Et elle ne rêve toujours que d'une chose : que quelqu'un la prenne dans ses bras… Si on l'observe avec attention, on se rend compte que sa vie affective est puissamment régie par ce besoin profond, quel que soit le prix qu'elle aura à payer pour le satisfaire.

Le père d'Isabelle a abandonné femme et enfants sans un mot quand la fillette avait quatre ans. Devenue adulte, Isabelle tombe amoureuse de Pierre. Ils s'aiment, apprennent à se connaître, commencent à construire une histoire de couple jusqu'au jour où Pierre part, sans dire au-revoir, et s'évanouit dans la nature. Isabelle est foudroyée de chagrin. Puis elle remonte la pente petit à petit.

Deux ans plus tard, elle va mieux. Elle rencontre Thomas. Ensemble, ils fondent une famille, construisent une maison, avancent dans l'existence. Et Thomas à son tour quitte femme et enfants sans donner d'explications. Pour Isabelle, c'est un nouveau drame qui la plonge dans la dépression et l'angoisse. Elle s'y débat plusieurs années avant de sortir enfin la tête de l'eau. Elle jure qu'on ne l'y reprendra plus et que sa vie amoureuse est terminée. Mais un été, chez des amis, Isabelle rencontre Étienne, que sa femme a quitté quelques mois plus tôt. Elle connaît si bien sa détresse qu'elle sait le consoler. Très vite, ils entament une vie de couple, plutôt harmonieuse, qui coule tranquillement pendant une dizaine d'années. Jusqu'au départ muet d'Étienne…

Chaque histoire est différente, chaque parcours singulier. Mais je retrouve, au cœur de tous les récits recueillis dans le secret de mon cabinet, les mêmes petits ou grands ravages opérés par d'éternelles répétitions. On peut mettre ça sur le dos de la fatalité, de « la faute à pas de chance », ou d'un manque de volonté de « s'en sortir ». Mais je sais bien, moi, pour l'avoir tant de fois vérifié, qu'il s'agit d'une tout autre chose dont on peut, si on s'y attaque, inverser le cours.

Encore faut-il, auparavant, savoir à quoi l'on s'attaque.

Les schémas répétitifs

Même si c'est parfois de manière très subtile, il arrive souvent que les mêmes événements – ou des événements du même ordre – se reproduisent à des périodes charnières de notre existence, et nous plongent de nouveau dans les mêmes problématiques… Il suffit de prendre le temps de réfléchir un peu à sa vie pour les débusquer ! Certains finiront par se rendre compte qu'ils se retrouvent toujours avec le même genre de patron (ou de collègues, ou de clients, ou d'amoureux, etc.) qui leur crée le même genre de problèmes ; d'autres repéreront à différents moments de leur histoire ce type de relations amicales qui tournent immanquablement au vinaigre ; ou un comportement semblable à celui des aïeux de la famille ; ou le même type d'accident ou de problème de santé…

Isabelle n'a pas *décidé* d'être abandonnée par ses compagnons comme sa mère et elle l'avaient été par son père. Elle ne fait rien de conscient pour que ça arrive, et ça arrive pourtant. Une fois, deux fois, trois fois… Comme si être quittée sans explications était sa destinée, son identité, sans qu'elle puisse rien y faire. Pas plus que Joséphine, dont tout le corps réclame, quoi qu'elle fasse, d'être pris dans des bras, comme elle a attendu, bébé, que sa mère cesse de courir derrière son frère pour la prendre dans les siens.

Effectivement, elles n'y peuvent rien, tant qu'elles ne voient pas, ne sentent pas pourquoi ni comment leur vie repasse sans cesse sur la même blessure, la même colère, le même chagrin : comme chacun d'entre nous, elles sont enfermées dans des schémas répétitifs...

Drôle d'histoire, le schéma répétitif... C'est un peu comme un faux pli sur un tissu. Une fois qu'il est marqué, il reste, et nul ne songe à le repasser autrement. Et si, justement, on décide de le faire disparaître à l'aide du fer à repasser, il faut souvent s'y reprendre à maintes reprises pour y parvenir : invariablement, le tissu a tendance à reprendre son pli, inscrit dans la fibre...

Ce ne serait pas tellement grave, si cela ne nous faisait pas souffrir un peu, ou même parfois énormément. Les schémas répétitifs nous privent de notre liberté d'agir, et même d'envisager d'agir. Ils nous mettent toujours en position de subir plutôt que de choisir jusqu'à empêcher notre propre vie de se déployer harmonieusement. Comment se lancer dans une entreprise nouvelle lorsqu'on a encaissé une série d'échecs ? Est-il possible de croire qu'on est aimable si tous ceux qui nous ont aimé nous ont, aussi, abandonné ? Pourquoi s'attacher à d'autres qui finissent toujours par partir, ou mourir ? Comment ne pas se retrouver toujours sous la coupe d'une personne autoritaire et castratrice ? Ou, au contraire, comment laisser à l'autre un espace où il peut exister, sans finir invariablement par l'étouffer ?

Les schémas répétitifs ont plusieurs raisons d'être. D'abord, ils nous protègent de l'inconnu : même s'ils nous plongent le plus souvent dans une situation inconfortable, voire douloureuse, au moins c'est une situation familière, dans laquelle nous avons déjà eu à nous débattre. Et, aussi curieux que cela puisse sembler, notre réflexe premier est toujours de retourner vers ce que nous connaissons, parce que c'est beaucoup moins effrayant que ce que nous ne connaissons pas. D'une certaine manière, on peut dire que, depuis sa plus tendre enfance, Isabelle « sait » être quittée. La preuve : elle finit toujours par « s'en sortir ». Même si c'est au prix de grands désarrois et d'immenses chagrins…

Cette répétition douloureuse peut n'être qu'un enfermement, de plus en plus définitif, tout au long d'une vie. Nous connaissons tous des naufragés de l'inéluctable, qui subissent ces rebondissements *ad libitum*. Et, en lisant avec attention les faits-divers, on peut retrouver par dizaines ces trajectoires qui mènent à des drames sans nom. Des existences marquées par une escalade de souffrances, ou d'échecs, de « malchances » et de malheurs répétés, qui aboutissent au pire. C'est le principe du schéma répétitif : une sorte d'escalade, qui amplifie le comportement au fil du temps, jusqu'à provoquer, finalement, une sorte d'explosion incontrôlable : une rupture, une dépression, une maladie agressive, un acte désespéré, une situation exacerbée qui semble inextricable.

Je pense à Joseph, par exemple, qui arrive dans mon bureau affolé et me raconte comment, durant ces dix dernières années, il s'est retrouvé avec une, puis deux, puis trois femmes, chacune croyant être la seule, chacune croyant aimer un homme très occupé, donc souvent absent. Joseph se sent incapable de choisir, de quitter, de trancher. Au fil des années et des rencontres, il s'est laissé enfermer dans trois vies parallèles et passe son temps à en assurer l'étanchéité… Et s'il vient me voir ce jour-là, épuisé par ces dix ans de course folle et de mensonges, c'est parce qu'il vient de… rencontrer une quatrième femme, avec qui il est en train de reproduire la même histoire ! Et que la seule chose qui l'inquiète, c'est que, matériellement, ça ne va pas être possible : il ne trouve ni le temps ni la place pour sa nouvelle conquête. Et pour cette raison, il a l'impression très nette qu'il va « exploser », et sa vie avec lui. Il a raison : d'une certaine manière, il est arrivé au bout de son schéma répétitif. Intellectuellement et affectivement, il parviendrait encore à trouver une place pour une autre femme – il l'a bien fait pour les trois premières. Mais matériellement, concrètement, il ne peut pas aller plus loin. Il est arrivé au moment où c'est le corps, la matière, qui crie grâce...

Les schémas répétitifs ne sont pas que ravageurs. Ils peuvent aussi devenir un chemin de libération, parce qu'ils permettent de passer et repasser sur des problématiques profondes et intimes jusqu'à les faire remonter à notre conscience. Il a fallu ses trois très gros chagrins d'amour à Isabelle pour qu'elle fasse le lien avec l'abandon paternel et retrouve, enfin, sa blessure d'enfance. C'est en ressentant cette blessure initiale et en prenant conscience qu'elle se répétait sans cesse, en allant la contacter au tréfonds de son corps pour la « désactiver », que la jeune femme a pu commencer à aller mieux... Joséphine, elle aussi, commence à voir, mais surtout à sentir, de façon très charnelle, que son besoin profond de se blottir contre quelqu'un l'a empêchée, tout au long de sa vie, de prendre son envol, et lui a fait accepter des situations inacceptables. Elle entrevoit, aussi, quel rapport cela peut avoir avec les relations houleuses qu'elle entretient avec sa mère... Quant à Joseph, il en est au tout début. Il lui faudra du temps pour comprendre et ressentir dans son propre corps d'où vient cette folie répétitive qui l'enferre dans une situation inextricable...

D'autres, dont c'est le métier, savent beaucoup mieux que moi parler des schémas répétitifs : psychanalystes, psychosociologues, psychogénéalogistes, étiopsychologues. De nombreux spécialistes du comportement humain ont décrit en profondeur ces processus de répétition et de conditionnement qui conduisent à reproduire les mêmes actions et réactions, dans les mêmes situations, sans pouvoir ou vouloir sortir de ce cercle infernal. Guy Corneau, dans *Victime des autres, bourreau de soi-même*[1], explique très bien comment on se fabrique soi-même ses propres enfermements.

La plupart des thérapeutes considèrent que la prise de conscience – qui représente déjà un long, douloureux et précieux travail – est indispensable pour désamorcer ces comportements qui font souffrir. Pour ma part, j'ai constaté qu'il faut, en plus, aller chercher ailleurs pour inverser le mouvement : il s'agit de retrouver *dans le corps*, en l'écoutant avec attention et en lui donnant la parole (au moyen de différentes méthodes que j'exposerai un peu plus loin), la mémoire de l'événement traumatique d'où part la douleur, et de « désactiver » cette mémoire pour que l'événement cesse de faire écho.

Ça a l'air simple. Et ça le serait, si nous ne mettions pas tant d'énergie à enfouir dans nos mémoires, le plus profond possible, comme pour le bâillonner, l'oublier, le faire disparaître, ce qui nous a profondément blessé, ou mis en danger. Mais rien ne s'oublie, rien ne se bâillonne, rien ne disparaît.

Quel travail de déblayer tout ça !

Ce qui nous a sauvé peut aussi nous tuer

La première chose qu'il faut comprendre, c'est que tous les comportements qui nous emprisonnent et sur lesquels nous nous sommes construits, année après année, ont au

1. Paris, J'ai lu, 2003.

départ une réelle fonction utile et salutaire. Lorsque nous affrontons une épreuve, quelle qu'elle soit, tout notre être, corps et esprit, est programmé pour trouver une parade, des mesures de protection immédiate qui nous gardent du danger. Certaines d'entre elles nous viennent de la nuit des temps et sont devenues des réflexes vitaux : quand on entend une explosion, on s'enfuit ; quand la lumière est trop vive, on ferme les yeux ; quand on s'étouffe, on recrache… D'autres nous ont été transmises par apprentissage : regarder à droite et à gauche avant de traverser la route, manier les objets dangereux avec précaution, ne pas s'approcher trop près de ce qui brûle… D'autres, enfin, n'appartiennent qu'à nous : depuis le début de notre existence, nous élaborons des systèmes de défense qui nous permettent de l'affronter tant bien que mal, et de pallier nos « insuffisances ». Voilà comment un garçon plus petit que les autres apprend à donner de la voix et devient un ténor du barreau, certes plus petit que les autres mais écouté et respecté. Ou comment une fillette timide et casanière trouve finalement à s'épanouir en devenant mère de famille et femme d'intérieur, puis nourrice agréée.

L'être humain déborde de ressources ! Il est hautement adaptable, c'est sa force, mais aussi, en ce qui concerne la mémoire du corps, sa faiblesse… En effet, ces mêmes « réflexes » que nous avons mis au point pour assurer notre survie peuvent se retourner contre nous et faire le lit de notre souffrance. Un tout petit enfant qui grandit dans une atmosphère dépourvue de tendresse va se durcir et refouler ses émotions pour ne pas souffrir de cette carence. Devenu grand, il conservera ce réflexe de retrait qui le privera de la capacité d'exprimer et de partager ses émotions. Et, donc, d'avoir des relations à la fois riches et équilibrées… Très tôt, le petit dernier d'une fratrie comprend que faire le clown lui donne une place bien à lui dans sa famille nombreuse et le distingue de ses frères et sœurs. Adulte, il ne pourra pas s'empêcher de vouloir faire rire pour prendre sa place, ce qui ne facilitera pas toujours sa vie sociale et professionnelle... De salvateurs, ces comportements réflexes deviennent aberrants. Le plus souvent sans même que nous nous en rendions compte. Ils brident notre liberté et nous empêchent de faire des choix conscients.

Voici, par exemple, une histoire dans laquelle beaucoup d'entre nous peuvent se reconnaître : Joël a été blessé, bouleversé par la trahison de son premier grand amour. Il a mis plusieurs mois à s'en remettre. Et, dans le fond, il ne s'en est pas vraiment remis, puisque, dès qu'il rencontre une personne dont il sent qu'il pourrait tomber amoureux, il s'enfuit. « Plus c'est doux, tendre, réussi, et plus ça me fait peur, explique-t-il. En fait, plus ça me fait du bien, et plus je sais que ça peut me faire du mal. Ça m'a pris du temps, mais je me suis rendu compte que je finis toujours par prendre les devants pour faire capoter la relation, volontairement ou involontairement. »

C'est aberrant, mais efficace : si Joël ne se laisse pas l'opportunité de re-tomber amoureux, il ne prend pas non plus le risque d'avoir à encaisser un nouvel échec. Ce comportement le protège de tout, y compris du bonheur d'aimer et d'être aimé. C'est une histoire universelle, dont Serge Gainsbourg a fait une très jolie chanson, désespérante à souhait : *Fuir le bonheur de peur qu'il se sauve*...

Et que dire de toutes ces habitudes, presque insignifiantes au départ, qui finissent par devenir mortelles ? Les fumeurs connaissent bien le petit mécanisme sournois de la dépendance : quand l'angoisse point, machinalement, on allume une cigarette. Ça calme quelques instants. Ça fait du bien immédiatement. Mais une fois la cigarette grillée, l'angoisse revient. Et recommence à monter, monter, ce qui fait qu'on allume une autre cigarette… À la fin de la journée, on a fumé un paquet ou plus. À la fin d'une vie, on aura grillé des centaines de cartouches, et considérablement augmenté le risque de développer un cancer du poumon. La cigarette est un « outil de survie », qui aide à gérer l'angoisse. Mais qui tue à petit feu…

C'est la même chose pour toutes les addictions : à l'alcool, aux drogues, aux médicaments, à la nourriture, au sport, au jeu… Mais aussi pour d'autres habitudes, moins visiblement nocives : il y a ceux qui, depuis leur plus jeune âge, ont pris le pli de crier pour se faire entendre. Et dont les cris finissent par épuiser et dévaster la cellule familiale à laquelle ils sont, pourtant, si attachés. Ceux qui mentent par réflexe et dont les mensonges font exploser l'existence. Ceux qui trichent par habitude, sans même savoir pourquoi.

Et ce n'est pas tout. À ces comportements aberrants, à ces habitudes qui deviennent mortelles, il faut ajouter un certain nombre de conditionnements – religieux, culturels ou familiaux – justifiés lorsqu'ils ont été instaurés, mais qui n'ont plus aucune raison d'être sinon qu'ils sont la répétition d'une tradition, l'existence d'un « pli » transmis sans qu'on sache même encore en expliquer l'utilité. Je laisse à chacun le loisir d'explorer les rites et les habitudes de sa propre religion – c'est un sujet qui, pour beaucoup, est extrêmement sensible. Pour le reste, je pense, par exemple, à l'interdiction absolue, pour une sœur cadette, de se marier avant son aînée ; j'ai reçu à mon cabinet des femmes dont la destinée a été brisée par ce principe qui ne trouve plus aucune autre justification que la tradition. Je pense aussi à tous ces principes d'éducation qui brident les enfants et leur donnent une vision très conditionnée, et souvent très manichéenne, du monde et de la vie ; à tous ces secrets, ces choses qu'on ne dit pas « parce que ça ne se fait pas », et qui empoisonnent les familles, génération après génération ; à ces habitudes un peu « folkloriques », qui amusent tout le monde, mais peuvent faire des ravages chez certains : je me souviens d'une famille où il était de tradition, lorsqu'une jeune fille avait ses premières règles, que sa mère lui donne une grande gifle. Drôle de message de bienvenue dans le monde des femmes...

Je ne me priverai pas, pour clore ce chapitre, du plaisir de raconter ma fameuse histoire du gigot. Dans cette famille, il était de tradition, les jours de fête, de se retrouver autour d'un gigot. Mais pas n'importe quel gigot : comme souvent dans les familles, la « recette » venait de la grand-mère, voire de l'arrière-grand-mère, et tout le monde savait que c'était la meilleure, et même l'unique façon dont devait être préparé un gigot pour être vraiment réussi. Le « secret » surprenait le boucher à chaque commande : il fallait couper l'os, mais seulement à moitié... Un jour, un cousin un peu plus curieux que les autres se mit en tête de retrouver, dans la mémoire familiale, l'origine de cette curieuse façon de faire. Il lui fallut plusieurs mois d'enquête pour arriver à ses fins : cela venait bien de l'arrière-grand-mère, restée veuve très jeune avec une ribambelle d'enfants. Pour subvenir aux besoins de sa famille nombreuse, elle élevait, dans le grand jardin de la maison, des volailles et des moutons. Les jours de fête, elle cuisait un gigot. Et, pour qu'il rentre dans le plat un peu exigu dévolu à la cuisson, il fallait... en rogner l'os ! La seule explication de cette intouchable tradition familiale n'était donc qu'un problème de plat trop petit ! Par bonheur, elle ne nuisait à personne.

Des bénéfices secondaires

Comme si ça n'était pas encore assez compliqué et douloureux de s'empêtrer dans des comportements aberrants, des habitudes plus ou moins mortelles à plus ou moins long terme et des conditionnements absurdes, la psychanalyse a clairement démontré que nous trouvons tous des « bénéfices secondaires » à nos maux, même les plus violents. Enfant, mes otites à répétition me faisaient affreusement souffrir. Mais elles me permettaient aussi d'avoir accès à la chaleur réconfortante de l'infirmerie et à l'attention de l'infirmière… Isabelle est désespérée à chaque fois qu'un homme la quitte sans explications. Mais elle peut se réfugier dans les bras de sa mère, qui a elle-même été quittée et qui la materne et la console mieux que quiconque… Joseph est épuisé par sa double, triple, quadruple vie, mais chaque fois qu'il arrive chez une de ses femmes, il est accueilli à bras ouverts, comme celui qu'on attend et qui rend heureux…

Les bénéfices secondaires, ce sont tous les avantages très concrets et très immédiats que nous tirons du fait d'aller mal ; tout ce que nous avons à gagner à ne pas réussir ; tout ce qui nous retient d'aller mieux… Ça va du confort domestique et financier, auquel on n'arrive pas à renoncer même si c'est au prix d'une vie conjugale infernale, au plaisir tout à fait insoupçonné et inconscient de donner du souci à ceux qui nous aiment, ce qui est au moins une preuve qu'ils nous aiment… C'est pourquoi la plupart d'entre nous avons des sentiments partagés quand il s'agit de changer. D'une part, nous voulons du nouveau dans nos comportements et dans nos vies ; mais de l'autre, quelque chose nous retient d'aller mieux, par peur de perdre ce qu'il y a de bon à aller mal.

La valse des symptômes

Comment sait-on qu'on va mal ? Généralement, c'est qu'on en a tous les symptômes, ou au moins quelques-uns. Mais qu'est-ce qu'un symptôme ? Pour le dictionnaire, c'est un mot qui vient du grec *sumptôma* (coïncidence), et qui désigne un « phénomène subjectif qui révèle un trouble ». Pour les médecins et la plupart de leurs patients, c'est un signe qui avertit d'une maladie. Sans qu'ils sachent toujours très bien où s'arrête le symptôme et où commence la maladie, d'ailleurs ! Combien de médecins donnent des traitements qui font disparaître les symptômes sans s'attaquer à leurs causes ! Et combien de malades s'en satisfont, consciemment ou inconsciemment ! Quand on a mal aux dents, on sait bien que la solution, c'est d'aller voir le dentiste. Mais si un bon antalgique nous permet de nous dispenser de cette visite désagréable en faisant disparaître la douleur, il est quand même assez tentant de choisir cette solution, au moins dans un premier temps.

Les psychanalystes, eux, pensent que toute manifestation individuelle peut constituer un symptôme. Et que le symptôme, en plus de faire consciemment souffrir, est aussi une source inconsciente de plaisir ; une manière de se sentir vivant et d'exprimer l'inexprimable ; une forme de régression aussi, puisque chacun de nous se rappelle, comme moi, quelle douceur il y avait à être un enfant malade dont les parents, les adultes s'occupent avec soin et attention. Le symptôme serait donc, aussi, le paravent d'une vérité enfouie qui cherche à se dire.

Pour les biologistes, le symptôme et la maladie qu'il annonce sont une réponse du cerveau à une situation stressante ou dangereuse. C'est un mécanisme d'adaptation et de défense du corps face à un stress conscient ou inconscient ; la solution trouvée par notre « intelligence biologique » à une agression apparente ou enfouie. De ce point de vue, le symptôme, qu'il soit physique ou psychique, se fonde sur une logique biologique dans laquelle le corps intelligent trouve lui-même ses moyens de défense contre l'environnement.

Ces deux approches vont dans le sens du travail sur la mémoire du corps : je retrouve chez les personnes qui viennent me voir cette ambivalence des symptômes et cet attachement profond à leurs douleurs, qui fait qu'il est si difficile d'accepter de les abandonner, même si c'est pour aller mieux. Et si la maladie n'était elle-même que le symptôme d'autre chose, une sorte de puissant signal venant du corps pour annoncer un mal plus profond ? Un peu comme les schémas répétitifs, les symptômes sont les traces d'une manière d'exister qui a fait ses preuves, qu'on peut subir *ad vitam aeternam*, ou bien utiliser pour trouver la cause originelle de notre souffrance, et la transformer pour s'en libérer.

Un petit caillou qui fait souffrir

Les marcheurs comprendront d'emblée de quoi je parle : il n'est pas nécessaire d'avoir une jambe cassée, ou un pied en moins, pour ne plus pouvoir marcher. Ce qui empêche le plus souvent d'avancer, c'est ce petit caillou dans la chaussure que l'on sent à peine, et même pas du tout, au début de la randonnée, mais dont la présence lancinante finit par prendre des proportions insupportables.

La souffrance originelle inscrite dans la mémoire de notre corps n'est pas forcément une énorme souffrance, absolument insurmontable. C'est même, la plupart du temps, une petite souffrance de rien du tout, à laquelle personne ne prête attention, mais qui reste là, endormie. Sans en avoir conscience, nous grandissons en organisant notre existence autour de ce petit caillou de mémoire. Nous nous arrangeons pour ne pas le réveiller, sans toujours y parvenir. Au fil de la vie, un certain nombre d'autres événements, qui peuvent avoir l'air eux aussi assez insignifiants, font grossir le petit caillou de mémoire. Il devient un pavé, un roc, un boulet, et un jour il nous empêche vraiment d'avancer... C'est souvent à ce moment-là de leur existence que les gens viennent me voir. Et mon premier travail, c'est de retrouver, au cœur du boulet, le petit caillou de mémoire sur lequel les schémas répétitifs, les comportements aberrants, les habitudes mortelles, les conditionnements absurdes, les symptômes et les avantages secondaires se sont agrégés au fil des années.

C'est une des grandes difficultés du travail sur soi que d'arriver à comprendre et à distinguer comment des comportements qui, à leur origine, étaient utiles et nous ont fait du bien sont devenus absurdes et néfastes. Et même quand on en a enfin conscience – ce qui prend parfois des années –, il est très difficile de ne pas continuer à fonctionner sur son premier « pli ».

Tous ces comportements qui tuent dans l'œuf l'élan de notre liberté sont inscrits dans notre corps, bien au-delà de notre volonté ou de toutes nos capacités d'analyse. Les repérer ne suffit pas à nous en libérer. Il faut aller chercher la marque originelle dont ils sont issus, et inverser le processus au cœur même de la matière, en travaillant directement sur et dans la matière... C'est exactement ce que permet le travail sur la mémoire du corps.

2

Les blessures

La mère de Louis ne voulait pas d'enfant. Quand elle a compris qu'elle était enceinte, elle a tout fait pour « faire passer » le petit. Le petit n'est pas « passé ». Louis est né, mais il porte en lui trois tentatives d'avortement. Il lui faudra plus de trente ans pour en prendre conscience et comprendre d'où vient son mal de vivre.

Les semaines qui ont suivi sa naissance, Félicie a vu sa maman pleurer, des nuits et des nuits entières. Elle n'a pas compris pourquoi. Et comme personne ne le lui a expliqué, Félicie a pensé qu'elle avait fait quelque chose de mal. Elle a quarante-cinq ans passés, mais elle n'est pas loin de le penser encore. C'est sans doute pour ça que, quoi qu'elle fasse, Félicie se sent coupable.

Quand leur première fille est morte, les parents de Catherine se sont empressés de faire un autre enfant. Catherine, masseur kinésithérapeute, est née dix mois après la mort de sa sœur. Elle se présente toujours ainsi : « Je suis masseur kiné », sans entendre qu'elle dit : « Je suis ma sœur qui naît »…

La blessure initiale

Impossible d'y échapper : nous sommes tous criblés des impacts, petits ou gros, que nous infligent les aléas de la vie.

Si notre existence est joyeuse, curieuse, étonnante, elle est aussi blessante, douloureuse, éprouvante. Les épreuves nous laissent des traces, des blessures plus ou moins bien cicatrisées autour desquelles nous nous construisons, le plus souvent inconsciemment.

C'est à ces blessures que nous nous intéressons, dans le travail de mémoire du corps. Parce qu'elles sont autant de « nœuds », de « barrages », de « blocages » contre lesquels se heurte notre énergie, ou autour desquels elle s'agglutine, au lieu de circuler librement.

En surface, nous encaissons, et puis nous digérons, d'autant que les exhortations bien intentionnées ne manquent pas : « Oublie et passe à autre chose » ; « Dans quelques mois, tu n'y penseras plus » ; « Laisse tout ça derrière toi et avance ! » Nous composons, nous nous adaptons, nous oublions. Mieux : nous enfouissons pour cesser de souffrir. Et le plus souvent, ça marche ! Jusqu'au jour où « ça coince ». Voilà qu'il arrive une épreuve, et parfois même une série d'épreuves : un deuil, une rupture, un accident, une succession d'échecs, qui bouleversent profondément la construction de toute une vie. Et qui rendent impossible, ou difficile, le fait de continuer sans comprendre, sans remettre en question et sans réaliser l'incidence du passé sur le présent et sur l'avenir.

Année après année, j'ai compris que le corps enregistre systématiquement tout ce qui blesse et qu'il le garde en mémoire, ne serait-ce que pour tenter de s'en protéger à la prochaine agression. Il porte en lui l'impact de ses blessures, et de toutes les crispations qu'elles ont provoquées. Et, selon la loi invariable de l'énergie et de ses échos, que j'expliquerai un peu plus loin, cet impact va résonner, avec régularité, le reste de l'existence.

Dans le meilleur des cas, il le fait discrètement, et son écho s'intègre sans trop de dommage à notre évolution. Mais il arrive, quand l'impact est trop fort, la blessure trop profonde, la détresse qu'elle provoque mal consolée, que l'écho devienne de plus en plus douloureux et grandisse en même temps que l'individu qui le porte. Jusqu'à devenir insupportable, invivable, et même parfois mortel.

À force de travailler avec nombre de gens en souffrance, de chercher avec eux, dans leur corps, la clé de leur délivrance et, d'une certaine manière, de leur redonner vie, à force d'arpenter leur histoire et les stigmates qu'elle a laissés au cœur de leur chair, j'ai appris et compris que chacun a une blessure plus profonde que les autres, un impact majeur autour duquel il se construit et autour duquel son organisme grandit. C'est ce que j'appelle la « blessure initiale » : la douleur originelle, le premier traumatisme que nous n'avons pas su transformer ou encaisser et qui constitue ce petit caillou qui va grossir jusqu'à devenir boulet…

Pourquoi est-ce ainsi ? Chacun a son idée sur le sens de la vie et ce qui nous régit. Je crois que ce n'est pas l'objet de ce livre d'entrer dans ce genre de considérations. Mais c'est ce que j'ai découvert, observé, et sur quoi j'ai travaillé tout au long de mon existence. J'ai appris à remonter, douleur après douleur, accident après accident, rupture après rupture, jusqu'à la blessure initiale, enfouie dans la mémoire d'un corps. Et, une fois la blessure initiale identifiée, j'ai appris à aider celui qui souffre à la transformer pour qu'elle cesse de résonner si douloureusement dans sa vie et à apprendre à son corps une autre manière de réagir.

Ce que j'ai découvert, et qui fait la spécificité de mon travail, c'est qu'il faut chercher cette blessure initiale, le plus souvent, dans les neuf mois qui constituent la vie fœtale. Au moment où c'est le corps qui mène la danse ; au moment où tout n'est que sensations, sans paroles et sans explications. Lorsque l'être humain n'est qu'un organisme très complexe entièrement occupé à se développer et que ses cellules s'organisent pour le constituer. Au moment où chaque information reçue est traitée dans un objectif de survie et de croissance. À ce moment-là, si le fœtus ou le tout petit bébé reçoit une information, une sensation qu'il ne sait pas traiter, dont il ne sait que faire, il va la stocker dans la mémoire de son corps, en même temps que l'inquiétude, la panique, l'affolement qu'elle provoque. Et c'est cet impact, engrammé dans sa mémoire corporelle, qui va se réveiller régulièrement tout au long de son existence, en provoquant à nouveau, et généralement avec de plus en plus de puissance, inquiétude, panique et affolement.

La mère de Louise est enceinte de sept mois quand le meilleur ami du couple disparaît. C'est un soir, à la nuit tombée, dans un pays étranger à la situation politique instable. Pendant que les hommes de la petite communauté française expatriée partent à la recherche de leur ami dans les rues de la ville et sur les plages, les femmes se regroupent chez son épouse, pour se soutenir mutuellement et se rassurer. Plus la nuit avance, et plus la tension monte : aucune nouvelle des hommes, ni du disparu… Vers minuit, la mère de Louise commence à sentir des contractions. À l'inquiétude de la disparition s'ajoute la peur d'une naissance prématurée, provoquée par le drame qui est en train de se jouer. Une inquiétude muette, que la future maman prend soin de garder pour elle : ça n'est vraiment pas le moment d'en rajouter…

Après plusieurs heures de recherche, c'est le père de Louise qui découvre le corps de leur ami. Il a été assassiné.

À l'inquiétude succède un immense chagrin, et beaucoup de tourments : nul ne s'explique la mort violente de cet homme, que tout le monde tenait en grande estime. La communauté se resserre autour de sa veuve et de ses enfants, qu'il faut épauler jusqu'à leur rapatriement en France. C'est dans ce climat étrange et tendu que naît Louise, à terme.

Quarante ans plus tard, elle vient me voir parce qu'elle va mal : ses projets ne parviennent pas à aboutir ; elle est très entourée, mais ressent invariablement un profond sentiment de solitude. Elle est angoissée, fatiguée, assaillie par des peurs incompréhensibles qui se transforment parfois en violentes crises d'angoisse.

Naturellement, Louise n'a aucun souvenir de l'assassinat de l'ami de ses parents, qui lui en ont vaguement parlé, il y a bien longtemps. Mais lorsqu'elle s'allonge sur la table de travail, et que je l'accompagne à l'intérieur de son corps au cours d'une séance de relaxation profonde, elle se voit toute seule au milieu d'un cercle, comme « un petit haricot desséché », que rien ne relie à rien, hors de portée de qui que ce soit. Elle a peur, et elle sent qu'elle va mourir. « Je ne vais pas m'en sortir », murmure-t-elle en sanglotant… En écoutant attentivement ce que dit son corps, en cherchant avec quel moment de sa vie résonnent l'émotion et les sensations qui la secouent, Louise reconstitue le lien : elle est le fœtus de sept mois, imprégné des terreurs de sa mère qu'elle ne comprend pas, mais qui la frappent de plein fouet jusqu'à provoquer des contractions qui la mettent en danger. Elle est seule, elle se sent abandonnée, détachée, mourante. Elle sent que sa survie ne dépend que d'elle, et qu'elle doit s'accrocher…

Au cours de cette séance, Louise a rejoué l'histoire récurrente de sa vie : s'accrocher pour s'en sortir, seule, abandonnée de tous et terrifiée. Il va lui falloir encore un peu de temps pour accepter cette réalité, prendre le risque douloureux de laisser remonter les sensations de la mémoire de son corps et pouvoir, enfin, affronter sa blessure initiale pour choisir de s'en libérer. Nous avançons sur ce chemin !

La blessure initiale est au cœur de tout travail en mémoire du corps. C'est elle qu'il faut aller chercher, elle qu'il faut transformer pour qu'elle cesse de résonner en provoquant des dégâts de plus en plus considérables. Mais elle est difficile à identifier. Parce qu'elle est enfouie parmi toutes les blessures que le corps garde en mémoire, elles-mêmes mêlées aux schémas répétitifs, comportements aberrants, plis familiaux, symptômes... L'être souffrant est un être complexe, subtil, une sorte de construction à la fois fragile et indestructible, dans laquelle il faut avancer patiemment pour en découvrir, peu à peu, la structure. Au cœur de cette structure résonne invariablement la blessure initiale, *sa* blessure initiale. La mettre à jour, c'est donner à l'être souffrant le pouvoir de transformer sa vie.

L'ÉVÉNEMENT CONTAMINANT

Souvent, les blessures semblent « sommeiller » sans incidence notoire, au point de se faire totalement oublier, si profondément enfouies que rien n'en est visible. Pourtant, il peut suffire d'un tout petit événement, *a priori* insignifiant, pour les réveiller avec une force surprenante. Un peu comme une remarque sans importance, lancée sans aucune intention de nuire, peut déclencher la colère démesurée de celui à qui elle s'adresse, parce qu'elle va se nicher juste dans sa zone sensible.

C'est ce que j'appelle l'« événement contaminant » : le grain de sable qui vient se glisser dans une mécanique apparemment bien huilée et réveiller une mémoire soigneusement ensevelie… Les événements contaminants sont particulièrement dévastateurs parce qu'ils semblent inexplicables et qu'il est difficile de faire le lien entre leur insignifiance et la violence de la douleur et des réactions qu'ils entraînent. Mais ils sont aussi des indicateurs très précieux qui servent à éclairer soudain une zone restée dans l'ombre, à ouvrir une brèche, à donner un sens : les événements contaminants sont l'écho réel de la blessure initiale. Et ce sont souvent eux qui déclenchent le besoin, l'envie et la volonté de se libérer. Les événements contaminants, en réveillant la blessure initiale, nous mettent sur son chemin. Pour qui sait les comprendre et leur donner un sens, ils sont des indices précieux pour avancer dans le travail en mémoire du corps. Voire des indices indispensables…

La vie sexuelle de Muriel ne la satisfait pas du tout. À chaque nouvelle rencontre, la même scène se rejoue : elle reste comme stupéfiée, tétanisée face au désir de l'homme, incapable d'accéder à son propre désir ni d'en être actrice, d'une manière ou d'une autre. Elle subit, donc, sans pouvoir suivre son propre élan, ni participer pleinement à sa propre vie. Et finalement, elle laisse partir les hommes qu'elle aime sans pouvoir leur exprimer son désir qu'ils restent.

Au cours d'une des premières séances de travail en mémoire du corps, Muriel revit avec beaucoup de chagrin une scène de son enfance. Elle est sur le perron de la maison familiale, entourée de sa mère et de son frère. Ils regardent partir son père, qui les quitte. Elle voudrait s'élancer vers lui, mais deux choses la retiennent. D'abord, en l'embrassant, son père lui a murmuré : « Tu dois être forte. » Ensuite, elle sent la main de sa mère tenir fermement son bras pour l'empêcher de bouger. La voilà prisonnière du refus de sa mère et de l'injonction de son père. Si elle se libère de l'étau qui lui serre le bras, elle perd sa mère. Et si elle ne bouge pas, elle perd son père…

Cette « scène du perron », que Muriel a vécu à l'âge de six ans, pourrait très bien être la blessure initiale qui résonne à chaque nouvelle rencontre : comment donner libre cours à son élan quand elle sait qu'elle peut y perdre autant ? Comment dire à un homme qu'elle a envie qu'il reste alors qu'elle n'a pas pu le dire à son père ?

Muriel a travaillé sur cette blessure, sans parvenir à s'en libérer. Sans cesse, l'histoire se répétait… Nous avons donc continué à creuser, creuser, jusqu'à finir par trouver la vraie blessure initiale, que la « scène du perron » n'avait fait que réveiller.

Les parents de Muriel avaient un fils aîné. Sa mère désirait ardemment un nouvel enfant, mais son père n'en voulait pas : Muriel a donc été conçue contre son gré à lui. Quand il a appris la grossesse de sa femme, il a réagi par une vive colère. Il a eu l'impression d'avoir été manipulé, et a brutalement mis fin à la sexualité de leur couple. C'est dans ce conflit du désir de sa mère et du refus furieux de son père que Muriel a pris corps. Et l'histoire de sa conception est engrammée dans la mémoire de sa chair : sa venue a déçu son père, et le désir de sa mère a provoqué un cataclysme, la destruction du couple parental… La « scène du perron » est l'événement contaminant qui a réveillé cette mémoire et a laissé Muriel tétanisée, muette de stupeur.

Depuis, cette scène résonne de plus en plus fort, avec violence et régularité, laissant Muriel tétanisée et muette de stupeur face aux hommes qu'elle aime, et allant jusqu'à la priver de toute vie sexuelle et amoureuse.

Ainsi grandit le petit d'homme : depuis l'idée de lui qui germe dans l'esprit de ses parents jusqu'à ce qu'il devienne indépendant, il se constitue un énorme disque dur, dans la mémoire duquel sont gravés une blessure initiale et une multitude d'événements, d'émotions, de sensations, de données, qui ne cessent d'interagir, selon des cycles qui les font vibrer à l'infini. C'est sur la base de ce disque dur qu'il va dérouler le reste de sa vie, souvent sans en avoir conscience. Il va parfois en être gratifié, mais parfois aussi en souffrir jusqu'à tomber malade.

Notre travail, à nous, praticiens en mémoire du corps, est d'aider chaque personne qui le demande à se frayer un chemin dans cet assemblage complexe de mémoires qui s'entremêlent et interagissent, pour y débusquer les événements que le corps a gardés en mémoire jusqu'à cette blessure initiale qui la fait souffrir au point d'entraver sa liberté d'agir.

3

LOUISE, UN SIÈCLE DE CHAGRIN…

« C’était l’été, il y a trois ans, je sortais du cinéma… et c’était comme si j’avais vu toute ma vie défiler sur l’écran. Il s’agissait pourtant d’un film qui se passait il y a près d’un siècle, pendant la Première Guerre mondiale ! Mais tout, absolument tout ce que je venais de voir, de sentir, m’était familier, sans que je sache dire pourquoi.

« Enfin, pas tout à fait. Je savais bien que la vie de mon arrière-grand-mère Emma avait volé en éclats au début de cette sale guerre, quand mon arrière-grand-père, qu’elle avait attendu si longtemps avant de pouvoir enfin l’épouser, avait été porté disparu. Pendant toute la guerre, et même pendant quelques années après, elle a attendu, attendu, attendu, qu’il resurgisse comme par miracle. Il n’est jamais revenu…

« La réputation de cette Emma, que je n’ai pas connue, est arrivée jusqu’à moi sans son histoire, et sans que personne ne la démente : c’était une femme insupportable, capricieuse, injuste, invivable… Tout le monde semblait avoir subi sa « folie », mais personne n’avait pris la peine de se demander comment elle lui était venue. Pourtant, lorsqu’on a vidé la maison familiale, j’ai hérité d’un étrange trésor : dans une serviette en cuir craquelé, des paquets de courrier, soigneusement étiquetés. Toutes les lettres d’amour de mes arrière-grands-parents, et les journaux intimes de la jeune veuve de guerre, anéantie par la disparition de son époux. Mot après mot, la chronique d'un chagrin si fou qu'il a fini par la rendre « folle »…

« Quand je suis sortie de ce cinéma, ma vie était différente, mais je ne le savais pas. C'était comme si le film avait ouvert à l'intérieur de moi une boîte à mémoire, qui s'est déversée en moi jour après jour, sans que j'en aie conscience. Les mois qui ont suivi, j'ai relu la correspondance de mes arrière-grands-parents, sans savoir quoi en faire. Et j'ai senti avec de plus en plus d'acuité à quel point le chagrin d'Emma ressemblait au mien. Je me suis rendu compte avec stupeur que mon histoire d'amour à moi, dont je n'arrivais pas à guérir, comportait d'étranges similitudes avec la sienne. Un homme aimé éperdument, que j'ai attendu des semaines et des mois, et qui a fini par me laisser dans le silence et disparaître à l'autre bout du monde. Dans une guerre…

« Alors, j'ai regardé plus loin : entre mon arrière-grand-mère et moi, deux générations de femmes aux vies embuées dans les vapeurs d'alcool. Des chagrins encore, dont personne ne parle, que personne ne dit, mais la sensation persistante qu'être une femme, c'est du malheur. Une grand-mère, des tantes et des grands-tantes, des cousines, toutes alcooliques, engluées dans des vies inabouties. Et, à chaque génération, des jeunes veuves. Un nombre impressionnant de jeunes veuves…

« Et puis, j'ai regardé plus près, dans ma propre vie : ce pli irrésistible d'attendre sans cesse que quelque chose vienne ou revienne. Et cette envie sans fin de raconter les histoires des autres, pour qu'ils soient compris et entendus, quand les femmes de ma famille le furent si peu. Cette passion pour l'Histoire, étudiée à la fac. Plus particulièrement, depuis la Première Guerre mondiale ; plus particulièrement, l'histoire des femmes et de leur condition ; plus particulièrement, Apollinaire et ses lettres de guerre, que je savais par cœur avant d'avoir seize ans…

« Et puis ma mère, si rude avec moi parce que, selon elle, "les femmes doivent être fortes". Et comment, pour ne pas avoir de fille à qui transmettre le malheur, je n'ai pas eu d'enfants. Et comment, pour ne pas avoir d'enfants, je n'ai pas eu de compagnon…

« Mon corps qui saigne à s'en rendre malade au moment de l'adolescence, comme pour dire non à ce destin-là. La peur qui prend le pas sur tout, l'angoisse qui mange la vie. Attendre le bus et avoir peur de mourir. Attendre un résultat, une lettre, une échéance, un miracle, un contrat, un paiement, une rencontre déterminante, et la vie qui s'arrête pendant des jours, des semaines, des mois… Attendre le bon moment, la bonne personne, le bon endroit, en essayant de ne pas être terrassée d'angoisse.

« Et puis écrire, écrire, écrire, comme se sont écrit mes arrière-grands-parents.

« Pour me retrouver, toujours, dans la même situation, qui se répète à l'infini : seule à en mourir, devant un bonheur à peine apparu et déjà disparu. Être forte, tenir le coup, me débrouiller. Sortir la tête de l'eau, comme à la piscine, où je n'ai jamais réussi à apprendre à nager. J'ai tellement peur de me noyer que je n'arrive pas à flotter. Me débattre, pourtant, si. Rester à la surface jusqu'à la prochaine vague, où je boirai la tasse avant de me retrouver seule à en mourir, devant un bonheur à peine apparu et déjà disparu. *Ad libitum*…

« Quand j'ai décidé de travailler sur moi, tout était là, juste en dessous de la surface. La nuit d'avant le rendez-vous, j'ai rêvé d'Emma. Ça ne m'était jamais arrivé. »

Une histoire de mémoires

> « *Arrivera-t-il à la surface de ma claire conscience ce souvenir, l'instant ancien que l'attraction d'un instant identique est venu de si loin solliciter, émouvoir, soulever tout au fond de moi ?* »
>
> Marcel PROUST

Au stade fœtal, l'être humain n'est que sensations. Dans l'Antiquité, les sages-femmes savaient reconnaître ces sensations et les utiliser pour communiquer avec le fœtus, comme certaines futures mamans le font instinctivement. C'est cette langue originelle que le chercheur néerlandais Frans Veldman a redécouvert en inventant l'haptonomie, de plus en plus souvent proposée aux femmes qui préparent leur accouchement.

Je crois que c'est là, dans l'univers obscur des sensations matricielles au cœur duquel nous nous sommes construits, qu'il faut aller chercher l'écharde dans la chair, le petit caillou qui lancine, cet impact initial de notre souffrance, qui nous incite dès notre plus petite enfance à faire ce que nous n'avons pas envie de faire, parce que nous sommes déjà marqués par ces mémoires gravées dans notre disque dur…

Puisque le fœtus se fabrique, à travers le seul registre de ses sens, une « peau de sensations » qui lui est propre, une sorte de carapace qui entrera en résonance à chaque instant avec les événements de sa vie sans qu'il puisse en comprendre l'origine, mes années de recherche me conduisent à penser qu'il est important de reprendre contact avec cette peau-là. Et de la traverser pour revivre, pas à pas, tout ce que nous avons vécu, senti, aimé et détesté dans cette obscurité dépourvue de vue, de parole et de pensée, afin que l'empreinte laissée dans notre corps puisse se révéler, en éprouver la couleur, la résonance, l'odeur, le goût, le dégoût et la force. C'est à partir de ces sensations enfin restituées par le corps qu'il est possible de l'en libérer et de lui donner la capacité de réapprendre d'autres manières de réagir.

Ainsi donc, je le dis une fois encore : dès notre conception, et même bien avant, notre histoire est avant tout une histoire de mémoires…

4

Le temps de comprendre

Avant de parler du petit d'homme qui un jour vient au monde et d'essayer de comprendre pourquoi nous souffrons et comment aller mieux, il faut prendre le temps de regarder un peu, aussi, le monde dans lequel nous vivons. Depuis des siècles, des hommes cherchent à comprendre et à expliquer comment il fonctionne, pourquoi il tourne, vers quoi il va. De nombreuses théories se sont affrontées sur ces questions qui continuent de nous agiter, parfois tranquillement, parfois avec violence. On se bat, on se tue pour imposer ses vérités. On invente des dieux, des puissances occultes, des systèmes. On cherche, on philosophe, on théologise, on élabore, on discute, on met en cause, on conteste, on avance, on recule…

Nous n'avons pas encore toutes les réponses, loin s'en faut. Mais à force de chercher, les hommes ont quand même défriché quelques pistes, établi quelques évidences. Les scientifiques ont découvert des principes fondamentaux et d'étonnantes subtilités. Un peu comme on se fait la courte échelle, la trouvaille de l'un ouvre la voie à l'invention de l'autre, qui donne des outils à un troisième pour permettre à un quatrième de résoudre une énigme, ou d'avancer sur un chemin.

Voilà comment, au XXIe siècle, on sait envoyer des fusées dans le cosmos, fabriquer des machines intelligentes, inventer des nouvelles molécules, utiliser les ressources de l'univers pour améliorer la vie... Voilà comment je vis au vingt-deuxième étage d'une tour qui ne craint ni le vent ni la foudre ; je parcours le monde à grande vitesse dans des trains à la pointe du progrès, des avions sûrs et confortables ; je calme mes douleurs grâce à des médicaments d'une grande efficacité ; je parle en temps réel à mes amis les plus éloignés et je reçois le monde entier sur mon écran d'ordinateur...

Il a fallu du temps aux humains pour comprendre qu'une éclipse de soleil, ça n'est pas la mort du soleil. Et qu'il y a une explication, somme toute assez simple, à ce phénomène qui les a pourtant terrifiés pendant des siècles. Et aussi pour saisir ce qui se passe lorsqu'un volcan se réveille, ou que la foudre tonne, et pour admettre que ces vacarmes furieux et dévastateurs ne sont pas l'expression de la colère d'un dieu... À tous ces événements, tellement inexplicables durant si longtemps, les hommes ont opposé des réponses à la mesure de leurs connaissances, ou de leur ignorance.

À la mesure de leur peur, aussi. Pendant longtemps, ce sont les sorciers, les gourous, les chamans, les prêtres, les magiciens, qui donnaient les réponses. Ils savaient beaucoup, sans comprendre grand-chose. Ils ont transmis, siècle après siècle, civilisation après civilisation, leurs « pouvoirs », leurs « savoirs » et leurs histoires parfois rocambolesques.

Il a fallu du temps à ceux qui voulaient comprendre pour avancer. Mais petit à petit, les scientifiques ont commencé à trouver. Et à mettre des mots clairs et rationnels sur des pratiques parfois obscures. Par exemple, à expliquer par la chimie pourquoi telle plante, utilisée par des générations de guérisseurs, a une action concrète et efficace sur telle ou telle maladie. Ou à construire des machines d'observation suffisamment fines pour donner quelques clés sur ce qui se passe dans le ciel et la galaxie…

UNE SEULE ÉNERGIE

Parmi toutes ces découvertes, une est fondamentale dans mon travail. Parce qu'elle est une sorte de clé qui permet de regarder autrement les hommes et le monde dans lequel ils vivent. Parce qu'elle m'a permis, à moi et aux gens qui cheminent avec moi, d'expliquer de façon très sereine des choses qui, depuis des siècles, ont pu paraître un peu étranges.

Il a fallu du temps aux humains pour comprendre que la base de notre vie, de notre univers et de tout ce qui nous entoure, c'est l'énergie. Une énergie unique qui cherche à se répandre et prend des formes multiples, s'agglomère, se disperse, s'éparpille ou au contraire se concentre, pour constituer la totalité de ce que nous sommes et de ce qui nous entoure.

Il n'est pas de mon ressort d'expliquer ici ce phénomène si simple et si complexe. Des physiciens se sont penchés sur la question des années durant et ont développé des théories très sophistiquées. Elles m'échappent complètement et, pour tout dire, ne me sont pas très utiles. Ce qui m'importe, c'est de savoir que la table sur laquelle j'écris, qu'elle soit en verre, en matériau composite ou en bois, est constituée de la même énergie que les oranges déposées dans la corbeille, au bout de cette table. Et que ces oranges, que je vais presser tout à l'heure pour en boire le jus, sont, elles aussi, constituées d'énergie.

Ce qui m'importe surtout, c'est de comprendre que l'énergie dont je suis constituée, moi, est la même que celle de mon voisin, de la personne qui vient chez moi parce qu'elle va mal et qu'elle espère que je vais pouvoir la soulager, mais aussi de ma grand-mère, de ma fille, et de tous les êtres qui m'entourent ou qui m'ont entourée, de près ou de loin.

Une vibration à l'infini

La seconde chose importante, c'est de comprendre que l'énergie se propage sous forme d'ondes, ce que nous avons tous expérimenté en jetant un caillou dans l'eau : il fait naître des « ronds ». L'énergie concentrée dans le point d'impact se diffuse par ondes de plus en plus larges. Et si ces ondes rencontrent un obstacle, elles dessinent d'autres ondes autour de cet obstacle. Et si ces autres ondes rencontrent un autre obstacle, elles dessinent à leur tour des ondes… C'est une sorte de jeu d'échos qui se répètent à l'infini. Une vibration, qui résonne.

Voilà comment des scientifiques ont pu démontrer que le si léger battement d'ailes d'un papillon dans l'Atlantique peut provoquer, par des phénomènes d'amplification et de résonance, un ouragan dans le Pacifique.

C'est à partir de ces deux évidences que s'est construit tout notre travail autour de la mémoire du corps : chaque individu est constitué d'énergie et est soumis aux mouvements vibratoires de cette énergie. À force d'observation, nous avons pu établir un certain nombre de constantes, de lois, de cycles, qui nous permettent de commencer à savoir de quelle manière l'organisme peut recevoir des impacts, des blessures ; de quelle manière il les garde en mémoire ; de quelle manière ces blessures, si elles ne sont pas « digérées », peuvent résonner en lui de plus en plus fort et continuer de le faire souffrir, sans fin. Il n'y a rien de magique là-dedans. C'est simple, réel, concret et vérifiable.

5

L'HISTOIRE D'AVANT L'HISTOIRE

À quel moment commence ma vie ?

Pour répondre à cette question, la plupart d'entre nous donnent leur date de naissance. Il est convenu, dans notre culture, que notre vie commence le jour et l'heure où nous sortons du ventre de notre mère. Tous les papiers officiels en font foi : nous sommes des individus, nés un jour précis, à une heure précise, en un lieu précis. Et, pour la plus grande majorité d'entre nous, d'une mère avérée et d'un père déclaré. C'est ainsi que se définit notre identité, et ce sont ces réponses que nous donnerons au long de notre existence quand on nous demandera de la « décliner ».

Pourtant, toute une vie, c'est à peu près le temps qu'il faut pour trouver les vraies réponses à une question aussi vaste que « qui suis-je ? » Et si l'on commence à fouiller un peu, il n'est pas très difficile de découvrir que l'histoire, notre histoire, commence bien avant le jour où l'on sort du ventre de notre mère… La loi est d'accord là-dessus : il est admis maintenant qu'à partir d'un certain seuil de croissance, le fœtus est un sujet qu'il faut protéger au même titre qu'un « déjà-né ».

Mais je crois, moi, qu'il faut aller chercher bien plus loin que ce « seuil de croissance » fœtal pour comprendre ce qui nous compose et ce que contient la mémoire de notre corps. Car notre histoire commence… bien avant notre histoire.

L'ÉNERGIE CRÉATRICE

Il faut remonter, lorsqu'on se penche sur l'existence d'un individu, jusqu'à l'énergie « créatrice ». Cette impulsion qui a fait germer l'idée de lui dans l'esprit et dans l'histoire de ses parents pour qu'à un moment donné il commence à exister, avant même d'être fabriqué.

Je sais que cela peut paraître étrange. J'ai l'habitude qu'on écoute avec doute et circonspection cette partie-là de ma pratique. Et j'ai vu, souvent, s'allumer une lueur un peu gênée dans le regard de personnes tout juste arrivées dans mon cabinet. D'abord enthousiasmées à l'idée de relire leur vie sous un autre jour comme je le leur propose après leur en avoir expliqué l'utilité, elles sont tout à fait perplexes quand je suggère qu'il serait judicieux de commencer cette relecture en partant des mois d'*avant* leur conception. Souvent, il me faut répéter. Car s'il est à peu près admis par tous que ce qui se passe pendant la vie fœtale est capital, bien peu imaginent que la période d'avant la conception, durant laquelle les parents ont – ou pas – caressé le projet d'avoir un enfant, compte aussi beaucoup dans la construction d'un individu. C'est pourtant le cas ! Nous venons tous d'un projet – qui peut être, aussi, le projet de ne surtout pas avoir d'enfant – qui marque le début de notre histoire individuelle. Et ce projet porte déjà en germe une partie de ce qui constitue la personne que nous allons devenir.

Comment nos parents nous rêvaient-ils ? Et d'ailleurs, nous rêvaient-ils ? Quel projet construisaient-ils pour leur enfant à naître ? Qu'avaient-ils à lui confier ? Qu'attendaient-ils de ce bébé ? Quel rôle voulaient-ils lui faire jouer dans leur existence à eux ? Depuis Freud, de nombreux spécialistes se sont penchés sur la question du désir parental, qui semble beaucoup plus complexe et porteuse de sens qu'elle n'en a l'air. Avant même que nous n'ayons une existence tangible, cellulaire, biologique, nos parents nous fantasment et nous imaginent. Nous naissons chargés de ces fantasmes et de ces images qu'ils ont projetés parfois pendant des mois, des années, avant de nous fabriquer de chair et de sang. C'est aussi de là que nous venons : de l'imaginaire de nos parents ; de leur univers mental et psychique ; de leur propre existence, elle-même chargée d'une multitude de paramètres conscients ou inconscients qu'ils nous transmettent et qui s'inscrivent dans notre mémoire avant même que nous existions.

Et l'énergie qui procède à notre création – celle qui nous compose – est remplie de ces multiples projections, qui prennent corps en nous au moment même où nous prenons corps.

L'acte créateur

L'acte sexuel dont chacun de nous est issu est un élément décisif de notre vie. À quoi ressembla-t-il ? Fut-il rempli d'amour ? En fut-il dépourvu ? Fut-il violent ? Tendre ? Inquiet ? Pressé ? Tranquille ? Serein ? Tourmenté ? Consenti ou extorqué ? Quel qu'il ait été, il est le creuset de qui nous sommes ; le sillon initial... Nous n'avons généralement pas l'habitude de parler de ces choses-là avec nos parents. Et nous n'avons qu'une connaissance extrêmement floue des peurs, des désirs, des histoires qui ont précédé et ont procédé à notre fabrication. Ce sont pourtant des éléments capitaux. L'énergie qui nous constitue était déjà bien là, elle. Et elle contient tous ces éléments, qui vont résonner à jamais dans notre existence sans que nous en ayons conscience.

À la gêne de ces premières explications je vois succéder, chez mes consultants, l'émerveillement ou l'émotion, l'angoisse, la tristesse, l'étonnement, quand ils reviennent, quelques semaines plus tard, me parler des premiers résultats de leurs recherches. Pan après pan, au fur et à mesure qu'ils recueillent et mettent en ordre ces informations concernant leur propre conception, des écueils ou des souffrances qu'ils trimballent année après année prennent un sens. Parce qu'apparaissent peu à peu la crispation originelle, la blessure, la déception, la violence qu'ils portent en eux depuis toujours, et jusqu'à aujourd'hui.

François vivait depuis sa plus tendre enfance dans l'angoisse insupportable d'une catastrophe. Il sentait une menace, sans cesse. Et cette menace rendait sa vie pesante. En relisant son histoire, et l'histoire de son histoire, il a compris d'où venait cette angoisse. Avant de « tomber » enceinte, sa mère n'avait qu'une peur : « tomber » enceinte. Pour elle, la découverte de sa grossesse a été… « une catastrophe », selon ses propres mots. François a compris, et senti, qu'il se trompait d'interprétation. Il pensait avoir peur d'une catastrophe parce qu'il ressentait très précisément des sensations de peur et de catastrophe imminente. C'est exactement ce que son corps avait en mémoire : la *peur* dans laquelle il avait été conçu, et la *catastrophe* que lui-même représentait pour sa propre mère.

La première fois que Valérie vient me consulter, elle est en larmes. Elle m'explique, entre deux sanglots, qu'elle revit sans arrêt la même histoire : elle tombe follement amoureuse d'un homme, qui l'aime aussi, mais qui finit immanquablement par l'abandonner. Le dernier en date s'appelle Jules. Il vit au Chili, où elle est allée le rejoindre, après qu'il l'a suppliée de le faire. Mais quand elle est arrivée à l'aéroport de Santiago, il n'était pas là. Elle est rentrée en France sans avoir pu le retrouver ; il l'avait abandonnée.

Ensemble, séance après séance, nous remontons l'histoire de Valérie. Elle retrouve d'abord une scène de son enfance. Elle est assise à l'arrière d'une voiture. Sa mère conduit et sa sœur occupe à l'avant la place du passager. Valérie se sent seule, isolée d'elles. Elle est très triste et prise de vertige en entendant la voix de sa mère parler de « la première femme de papa ». Elle a huit ans, elle vient d'apprendre que son papa a eu une première femme, et elle est toute seule à l'arrière. En revivant cette scène, Valérie ressent très nettement un sentiment d'abandon.

En poussant plus avant les recherches, la jeune femme découvre que la première épouse de son père a eu un enfant de lui. Un petit garçon, un grand frère que Valérie ne connaît pas et dont elle n'avait jamais entendu parler. Elle finit par obtenir des précisions et des dates. Et peu à peu, l'histoire de son histoire s'éclaircit : trois mois avant que son père et sa mère la conçoivent, son père a abandonné sa première épouse. Et son petit garçon.

L'énergie avec laquelle son père l'a fabriquée était l'énergie d'un homme qui abandonne son petit garçon. L'énergie de sa mère était celle d'une femme qui « vole » un homme à une autre femme et à son fils. Cette énergie de honte et de culpabilité, Valérie en connaît parfaitement le goût : sans qu'elle ait jamais su pourquoi, ces sentiments lui sont familiers depuis toujours.

Elle commence à comprendre comment elle se retrouve sans cesse dans une histoire impossible, où l'homme qu'elle aime l'abandonne, abandon dont elle se sent coupable. Elle commence à comprendre aussi comment elle a vu dans chacun de ses hommes à la fois un père qu'elle idolâtrait et un frère qu'elle cherchait à sauver.

Tiroirs générationnels

Comme toutes les histoires, celle de Valérie est à multiples tiroirs – la vie n'est jamais linéaire. En cherchant un peu plus loin, Valérie apprend que le père de son père a lui aussi été abandonné. Et qu'il s'appelait Jules, comme son dernier amour. Pour elle, la boucle est bouclée : elle a senti et compris comment sa mémoire familiale a pris corps dans sa vie. Elle pense en être enfin libérée.

D'ailleurs, quelques mois plus tard, Valérie rencontre un autre homme avec qui elle commence une nouvelle histoire d'amour. Pour la première fois de sa vie, elle a l'impression de ne plus subir, mais de vivre une histoire dégagée de toute entrave et de suivre enfin son propre chemin. Ils décident de s'installer ensemble. La veille de signer le bail de leur appartement, il lui murmure : « Avant que tu t'engages avec moi, il faut que je t'avoue quelque chose. » Il prend une grande respiration pour trouver le courage de lui raconter comment, quelques années plus tôt, il a abandonné une femme et le fils qu'il a eu avec elle…

Certains n'y verront qu'une coïncidence. Mais on peut aussi accepter d'être dérangé par cette coïncidence et d'y voir l'écho d'une histoire, qui fait écho à une histoire, qui fait écho à une histoire… Ce sont ses gènes familiaux qui ont transmis à Valérie ses yeux bleus et ses magnifiques cheveux roux. Mais c'est l'énergie de son grand-père, qui résonne dans celle de son père, qui résonne dans sa propre énergie, qui résonne dans l'énergie de sa fille… Elle a reçu en héritage, dans la mémoire de son corps, toutes ces crispations, ces chagrins, ces violences, ces abandons, qui reviennent en écho. Ils se répondent sans fin, en créant à leur tour crispations, chagrins, violences, sentiments ou situations d'abandon. Ils peuvent s'atténuer, si la vie est clémente et que Valérie trouve les moyens de les transformer. Mais ils peuvent aussi s'amplifier, jusqu'à lui rendre l'existence impossible, douloureuse, ingérable.

Mémoire familiale

Je crois, pour l'avoir maintes fois vérifié, que notre chair retient, dans sa mémoire, les moments au cours desquels nous avons pris corps, mais aussi la mémoire familiale de nos parents, qui elle-même contient la mémoire des leurs, etc. C'est la raison pour laquelle je demande toujours à mes consultants de se pencher aussi sur leur généalogie. Non pas par souci du détail historique, comme les généalogistes amateurs, mais plutôt pour se donner une chance d'ouvrir la parole familiale et de découvrir que, justement, c'est dans ce qui est considéré comme un détail, depuis des générations parfois, que se cachent des nœuds de souffrance sur lesquels nul n'a pu mettre des mots…

La psychanalyse et la psychogénéalogie ont largement contribué à mettre en lumière cette réalité : notre histoire familiale nous constitue, elle aussi. Et nous avons beau, ardemment pour certains, souhaiter ne pas vouloir en entendre parler, les familles ont beau déployer des stratégies subtiles pour l'enfouir, l'amputer ou l'enjoliver, nos cellules, elles, la gardent en mémoire génération après génération. Parfois, sans que plus rien du secret ne soit dit, sans que plus rien de l'histoire ne puisse être raconté, puisque la famille en a perdu toute trace se garde, au cœur de sa mémoire corporelle, la crispation originelle, celle-ci se transmet jusqu'à un jour où elle pourrait ravager une existence, une fratrie, une génération. Et même provoquer l'extinction totale d'une lignée…

Maria est cubaine. C'est une très belle jeune femme blonde, aux yeux verts, joyeuse et vive. Elle vit en France depuis son enfance, depuis que ses parents ont fui le régime castriste. Dans sa famille, on garde en mémoire le déchirement du départ, mais aussi les douceurs cubaines, le goût de la fête, de la musique et de la danse.

Durant sa première grossesse, Maria commence à aller mal. Elle perd complètement sa joie de vivre, est saisie d'angoisses de plus en plus violentes, de terreurs même. Elle se sent en danger partout, a l'impression que le monde entier perd de sa consistance et que plus rien, dans sa vie, n'est tangible. La nuit, au milieu d'images de corps martyrisés, elle rêve qu'elle doit partir du jour au lendemain, qu'elle doit tout quitter pour aller vivre ailleurs, là où c'est moins dangereux. Elle envisage sérieusement de le faire…

Elle commence une psychothérapie en urgence, et comprend que son malaise est lié au départ précipité de ses parents de Cuba, alors que sa maman la portait dans son ventre. Son bébé naît. C'est une très jolie petite fille, en pleine santé. Maria s'apaise.

Quelques années plus tard, Maria est de nouveau enceinte. Et replonge dans des terreurs épouvantables.

Retourne voir son psy, reparle de Cuba… Après son deuxième accouchement, son mari lui propose un voyage à La Havane, pour « désactiver » sa mémoire et retrouver ses racines.

Maria part à Cuba, avec son homme, amoureux et protecteur. Les premiers jours se passent bien, même s'ils sont empreints d'émotions assez vives. Elle retrouve la maison de ses parents et quelques amis de la famille, avec qui elle évoque le passé. Mais une nuit, la terreur la reprend, très violemment.

Le lendemain, en se promenant dans un village, Maria et son mari passent devant la cour d'une maison où tout un groupe est attablé. Une famille de blonds aux yeux verts. Après quelques hésitations, Maria finit par oser les interpeller et engager la conversation. Elle explique qu'elle est cubaine, comme eux, et qu'elle se demande bien d'où viennent leur blondeur et leurs yeux clairs. La grand-mère l'invite à entrer, et, devant un café, lui raconte son histoire.

C'est ainsi que Maria découvre ce que ses parents ne savaient même pas, ce dont ses grands-parents se souvenaient à peine, et ce dont ses arrière-grands-parents avaient pris soin de se débarrasser « à jamais » : comme celle de la vieille dame rencontrée dans ce village, la famille de Maria était d'origine juive, sans doute polonaise. Au milieu du XIXe siècle, elle avait fui les pogroms, pris un bateau pour le Nouveau Monde, débarqué à New York, puis immigré à Cuba, en se débarrassant soigneusement de toute trace de judéité, pour ne plus jamais avoir à subir les horreurs de l'antisémitisme. L'opération de changement de peau a parfaitement réussi. Plus personne dans l'entourage de Maria, ni même de ses parents, n'a le moindre soupçon quant à ces origines si dangereuses. Et quand il faut fuir à nouveau un régime menaçant pour recommencer une nouvelle vie ailleurs, personne ne fait le lien avec l'histoire du siècle précédent, puisque personne n'en a entendu parler…

Mais le corps, lui, se souvient. Avec violence même, puisqu'il est question de danger de mort et de stratégie de survie…

LE POIDS DES FAMILLES

À toutes ces composantes « cachées » dans notre mémoire corporelle, qui demandent parfois des mois ou des années de travail et de recherche pour faire enfin surface, il convient d'en ajouter un certain nombre d'autres, plus ou moins « visibles » celles-là, mais qui peuvent pourtant nous aveugler pendant de longues périodes, ou nous empoisonner jusqu'à la fin de nos jours !

Nous naissons dans une famille, elle-même porteuse de nombreuses attentes, de nombreuses mémoires, de nombreuses histoires qui nous sont transmises en vrac et qui agissent dans nos existences. Cet héritage, s'il nous enrichit et nous accompagne tout au long de la construction de notre vie, peut aussi nous entraver et nous priver durablement de la liberté nécessaire à chaque individu pour s'épanouir et inventer son propre chemin.

Je pense à Janine, qui aurait dû être un garçon et s'appeler Maurice, pour faire plaisir à sa grand-mère paternelle, en souvenir du frère de son père, mort à la Grande Guerre. Mais elle aurait aussi dû s'appeler Françoise parce que sa mère adorait ce prénom. Quand la grand-mère a vu que le nouveau-né n'était pas un garçon, elle a exigé qu'on l'appelle Mauricette, puis a quitté la maison, dépitée. La mère de Janine a protesté : « Mauricette, c'est affreux. » Elle a réclamé le prénom Françoise à son mari exaspéré. Le bras de fer a duré trois jours – délai au terme duquel la loi exige qu'on déclare les nouveau-nés. Finalement, le jeune papa est allé à la mairie et, sans rien dire à personne, a déclaré un prénom qui ne donnait raison ni à sa mère ni à sa femme. Et Janine s'est appelée Janine. Un prénom qu'elle a traîné comme un boulet et détesté toute sa vie…

Bernard, lui, se souvient encore du ton méprisant de sa mère le menaçant de la pire catastrophe à ses yeux : « Si tu ne te mets pas à travailler, tu finiras peintre en bâtiment. » Aujourd'hui, Bernard a quarante-cinq ans. Il est peintre en bâtiment. Tellement mal dans sa tête et dans sa vie que même ça, il l'a raté : il vient de déposer son bilan… D'ailleurs, c'est bien simple : tout ce qu'il entreprend finit par échouer. En désespoir de cause, Bernard s'attelle à relire son histoire, pour la comprendre et tenter de la dévier – ou, au contraire, la remettre sur sa trajectoire. Il redécouvre les mésaventures de son grand-père, un bourreau de travail qui avait décidé d'amasser suffisamment d'argent pour pouvoir cesser toute activité à cinquante ans, et se la couler douce jusqu'à la fin de ses jours. Sa femme, inquiète du qu'en dira-t-on, avait refusé absolument qu'il place sa fortune dans tout achat tape-à-l'œil. Au lieu d'acheter belles maisons et immeubles de rapport, comme il l'avait prévu, il s'était donc résigné à préférer actions et bons d'emprunt divers, nettement plus discrets. De dévaluation en dévaluation, le grand-père de Bernard a perdu tout le capital si laborieusement acquis ; il a été obligé de travailler dur jusqu'à la fin de sa vie.

Fort de ce que lui ont enseigné les déconvenues de son père, le père de Bernard, lui, se lance tout de suite dans l'immobilier. Il y fait une brillante carrière et décide, à la fin de sa vie professionnelle, d'investir tout son capital dans la construction d'un gros immeuble de rapport. Et voilà que l'histoire se répète : le courageux petit promoteur perd tout à cause d'un constructeur véreux. Il est finalement condamné à une retraite modeste, comme son propre père…

Bernard, lui, n'a pas fait fortune. Mais il a consacré beaucoup de ses loisirs à l'archéologie et à la recherche de trésors. Il a même fini par en trouver un ! Deux magnifiques amphores gallo-romaines, remplies de pièces d'argent, qui représentent une… « petite fortune ». Après quelques hésitations, il finit par se décider à déclarer sa découverte aux autorités compétentes, qui s'approprient le trésor ! Le voilà spolié à son tour. Ce n'est que des années plus tard, en relisant l'histoire de ses ascendants, que Bernard prend conscience que, depuis trois générations, pour les hommes de sa famille, il est question de construction, d'argent, de réussite et de déconfiture…

Voilà comment nous pouvons nous retrouver, malgré nous, dans une vie qui n'est pas tout à fait la nôtre. Sans le savoir, Bernard a mis ses pas dans ceux de son père et de son grand-père. Non pas parce qu'il le souhaitait ou parce qu'il y avait intérêt, mais parce que la mémoire familiale inscrite dans son propre corps ne lui a pas laissé la liberté d'inventer autre chose, qui lui appartiendrait. Cela fait partie de notre héritage, montré ou caché : notre mémoire transporte, aussi, les plis de nos aïeux, leurs projets avortés, leurs chagrins, leurs terreurs, leurs échecs mal digérés. Nous sommes tous plus ou moins encombrés d'histoires inachevées, de mystères irrésolus, de deuils inaccomplis ; chargés, sans le savoir, de leur trouver une fin, ou de les transmettre à notre tour.

Cette mémoire-là peut nous peser et nous entraver au point de nous éloigner de notre propre vie.

Maria, Valérie, Janine, Bernard et un grand nombre d'autres n'ont eu « qu' » à se pencher sur leur histoire familiale pour en prendre conscience et, peu à peu, se l'approprier au lieu de la subir. C'est déjà un long chemin : il faut se mettre en marche, accepter de s'interroger, et d'interroger ses parents, faire quelques recherches, retrouver des traces, mettre tout en ordre. C'est pénible et parfois douloureux. Janine avait été baptisée par défaut, par dépit, dans le conflit, alors qu'elle aurait aimé être attendue, fêtée, nommée dans l'harmonie. Bernard voit tout à coup surgir derrière lui des figures de « ratés », qu'il aurait rêvé plus glorieux et moins naïfs…

Parfois, en plus d'être douloureuse, cette quête des héritages est aussi extrêmement complexe. Parce que la mémoire est cachée, travestie, oubliée ; parce que les traces en ont été détruites, volontairement ou non ; parce que tous ceux qui pourraient raconter sont morts ou obstinément muets. J'avais plus de cinquante ans quand j'ai compris, parce que mon corps me l'a dit si fort, puis que je l'ai vérifié après de multiples efforts et péripéties, que le père si lointain qui m'a tellement manqué dans mon enfance n'était pas mon père biologique. Et je ne saurai jamais de quelle union je suis née : ma mère n'en a laissé aucune trace. Elle est morte avec son secret.

Nous sommes tous porteurs d'héritages familiaux plus ou moins lourds, dont nous sommes plus ou moins conscients, et qui pèsent sur nos vies malgré nous : secrets de famille, injonctions parentales, conditionnements éducationnels, principes et rituels archaïques dont l'origine se perd dans la nuit des temps… Les psychanalystes expliquent volontiers comment des événements familiaux vécus, racontés ou transmis dans la toute petite enfance restent dans l'inconscient et y tracent un sillon parfois indélébile.

Cette mémoire familiale n'est pas seulement nichée dans notre inconscient, elle est bel et bien au creux de notre mémoire corporelle. Bien malin qui pourrait expliquer pourquoi et comment nos organismes portent en eux des « souvenirs » que nul ne nous a jamais racontés, et dont tout le monde, dans la famille, a perdu la trace. Comment Maria « savait » dans son corps ce que tout le monde avait oublié dans sa famille ; comment j'ai senti, puis vérifié, que mon père n'était pas mon père ; comment Louise a suivi les traces de son arrière-grand-mère sans jamais l'avoir connue et sans que personne lui ait parlé d'elle.

Une partition capitale

Dans une existence humaine, tout compte et tout s'engramme. Et plus particulièrement lors des premiers temps de la vie : au moment de la conception, durant la grossesse et pendant les années d'enfance. Les habitudes, les blessures, les croyances, les peurs, les déceptions, la religion, l'éducation, les codes culturels, l'estime de soi, les humiliations, le respect des autres et de son environnement, la confiance, la méfiance, les règles, les interdits, les plaisirs… Tous ces événements creusent leur sillon dans la mémoire de chacun d'entre nous, pour composer une sorte de partition originelle qui donnera son tempo et sa mélodie au reste de notre existence. C'est pour cette raison que je demande aux personnes qui s'engagent avec moi dans un travail de mémoire du corps de relire leur enfance avec précision et acuité. Il est très important, lorsqu'on se penche sur sa propre histoire, d'interroger aussi celle de ses parents, et plus particulièrement de sa maman, avec laquelle l'enfant est en fusion le temps de son enfance.

Flore, par exemple, découvre, en explorant l'histoire de son enfance, qu'elle avait quatre ans et demi lorsque sa mère a avorté dans des conditions sanitaires précaires et clandestines d'un enfant non désiré, quelques mois avant de se séparer du père de Flore. La mère cache l'avortement à la fillette, qui n'en a jamais entendu parler. À neuf ans, Flore manque de se noyer dans une piscine. À treize ans et demi, elle connaît un début d'anorexie. À dix-huit ans, Flore subit sa première IVG ; à vingt-deux ans et quelques mois, elle avorte à nouveau et rompt ses fiançailles. À vingt-sept ans, elle est prise d'une très violente crise d'angoisse qui l'envoie en maison de repos. En sortant, elle commence une psychothérapie. Flore est sur le point d'entamer un travail en mémoire du corps : elle voudrait avoir un enfant avec le compagnon qu'elle a rencontré juste après son internement. Mais elle sent qu'il serait mieux pour elle et pour le bébé à venir qu'elle se libère d'abord de l'angoisse tenace qui lui « ronge le ventre », et dans laquelle elle a « tendance à se noyer », – ce sont ses propres mots…

L'avortement de sa mère, lorsque Flore avait quatre ans, a profondément marqué la petite fille, qui n'en avait pourtant pas été informée, comme si elle avait elle-même vécu ce déchirement. Même si tous n'ont pas l'impact que cet avortement a eu sur Flore, il est fréquent de retrouver, lorsqu'on part à la recherche d'une blessure initiale, des deuils, des chagrins, des ruptures vécus par la maman, aussi profondément blessants pour son enfant que si c'était lui qui les avait vécus. La violence de l'histoire de Flore saute aux yeux lorsqu'elle est racontée ainsi, brièvement, concentrée, évidente. Mais il a fallu plus de trente ans à la jeune femme pour qu'elle puisse en avoir une vision d'ensemble, et qu'elle se rende compte à quel point cette blessure initiale de l'avortement de sa mère a résonné tout au long de sa propre vie, en échos réguliers, selon un rythme logique dont nous reparlerons un peu plus loin.

6

L'HISTOIRE QUI RÉSONNE

Quelque temps après que mon maître tibétain fut parti, je me suis lancée dans l'aventure thérapeutique, armée des outils qu'il m'avait transmis. Je me sentais encore hésitante, comme une apprentie. J'avançais à l'intuition et à la conviction. J'avais des résultats, bien sûr, mais j'avais du mal à en tirer des grandes lignes théoriques, des constantes. Je sentais bien que ça me manquait, sans savoir comment m'y prendre.

Un jour que je devais intervenir devant un groupe de médecins, psys et philosophes pour expliquer mon travail, j'avais le trac. Quand on parle de la mémoire du corps, affronter les « hommes de science » peut être une épreuve ardue ! Dans l'assistance, j'ai repéré assez vite un homme aux yeux vifs, qui s'agitait sur sa chaise. Quand la conférence a été terminée, il a traversé la salle pour se précipiter vers moi. Mes jambes se sont enfoncées dans le sol : je savais, pour avoir essuyé la chose plus d'une fois, que mes drôles d'histoires de mémoires pouvaient provoquer, chez certains membres du corps médical, une grosse poussée d'agressivité. L'homme s'est approché de moi. Il m'a tendu les bras et s'est exclamé : « Venez que je vous embrasse, ça fait vingt ans que je vous cherche ! » C'était Marc Fréchet, psychologue clinicien de l'hôpital Debrousse, à Villejuif. Nous avons passé la soirée à parler… et les dix années suivantes à travailler ensemble, jusqu'à sa mort.

Marc Fréchet disait souvent : « Je suis un chercheur, pas un trouveur. » C'est en écoutant ses patients lui raconter de quelle manière souffrances et blessures se succédaient dans leur vie qu'il a commencé à repérer des répétitions, des rythmes, et même des cycles dans ces événements. Il a alors entrepris une étude systématique de toutes les histoires de vie de tous ses patients. De vingt années d'observations, il a tiré une théorie qu'il s'est attaché à vérifier et à revérifier : le principe des « cycles biologiques mémorisés » par le corps. Mais la meilleure entrée en matière pour expliquer sa théorie est sans doute de raconter son histoire.

Quand le père et la mère de Marc se rencontrent, ils tombent éperdument amoureux l'un de l'autre. La jeune femme ne tarde pas à avouer à son nouvel amour qu'elle a commis une petite indélicatesse dont elle doit rendre compte à la justice : elle a émis des chèques sans provision, ce qui risque de l'envoyer tout droit en prison. Les deux amoureux cherchent le meilleur moyen d'éviter l'épreuve et imaginent que l'annonce d'un heureux événement pourrait bien attendrir les juges. Voilà comment est conçu Marc Fréchet : dans l'urgence qu'il y a à protéger sa mère d'un danger imminent.

Arrivé à l'âge d'homme, le bébé engendré pour affranchir sa maman de la menace de l'emprisonnement devient psychologue clinicien et reçoit principalement des femmes qu'il aide à se libérer d'un carcan psychologique. Comme si l'empreinte initiale de sa naissance avait trouvé un moyen de résonner à travers lui ; comme si son corps avait mémorisé cette énergie dans laquelle il avait été créé et la restituait année après année.

Des cycles biologiques mémorisés

Après plus de vingt ans passés à écouter des personnes en souffrance, Marc Fréchet, par ailleurs musicien averti, a donc observé un certain nombre de constantes répétitives et cycliques, un peu comme sur une partition, à partir desquelles il a élaboré son concept de cycles biologiques mémorisés dans les cellules, « engrammées » dans le cerveau.

Mais qu'est-ce que cela signifie, concrètement ?

Cela signifie que chaque événement important de notre histoire – qu'il soit positif ou négatif – est enregistré par notre cerveau, qui le met en mémoire, comme une donnée de base à laquelle il va se référer régulièrement, ainsi que je l'ai expliqué au début de ce livre. Chaque situation qui fait écho à l'un de ces événements réveille la mémoire initiale et fait réagir – re-agir – notre corps. D'une certaine manière, on peut dire que ces événements créent en nous des « réflexes » très puissants, qui guident notre conduite, nos sensations, la perception que nous avons de ce qui nous entoure, et également nos choix. Marc Fréchet, moi et les gens qui travaillent avec moi, avons observé sur des centaines de patients que la mémoire de ces événements majeurs de leur histoire se met à résonner, cycliquement, et de plus en plus intensément, tout au long de leur existence.

Un peu comme un ordinateur, notre corps semble fonctionner à partir de programmes enregistrés. Nos comportements, les épreuves de notre vie, les souffrances sont comme la résultante du programme enregistré dans nos cellules, qu'elles reproduisent selon des cycles assez précis, ces cycles que Marc Fréchet a passé sa vie à décrire et vérifier.

La « date d'indépendance »

En étudiant avec minutie les histoires de ses patients, Marc Fréchet a établi que le premier cycle déterminant, dans une vie, est défini par la période qui s'écoule entre la date de naissance et ce qu'il a appelé la « date d'indépendance ». L'indépendance, c'est le moment où nous quittons nos parents pour aller vivre ailleurs, par nos propres moyens financiers. Choisir cette date comme pierre fondatrice de la vie d'un individu n'est pas une décision arbitraire, bien au contraire ! On peut considérer que ce nous vivons au moment de notre prise d'indépendance est symboliquement ce que nous avons vécu au moment de notre naissance : sortie du ventre maternel/sortie du cocon familial ; section du cordon ombilical/section du cordon financier ; respiration autonome/fonctionnement autonome…

Marc Fréchet a observé qu'au cours de nos seize, dix-huit ou vingt-cinq premières années de vie, nous enregistrons dans notre matière une sorte de partition que nous aurons tendance à rejouer sur le même tempo et le même mode les seize, dix-huit ou vingt-cinq années suivantes. Bien sûr, les événements ne seront pas similaires (même s'il arrive qu'ils soient étonnamment semblables, parfois jusque dans les détails), mais ils provoqueront la même souffrance, les mêmes angoisses, la plupart du temps amplifiées à chaque nouveau passage de cycle.

Si une personne prend son indépendance à dix-neuf ans, elle commence, à partir de ce moment-là, un nouveau cycle de dix-neuf années durant lesquelles vont se rejouer les grands événements de ses dix-neuf premières années. Lorsqu'elle aura trente-huit ans (19 + 19), elle commencera un troisième cycle de dix-neuf années, qui la mènera jusqu'à cinquante-sept ans (38 + 19). Et ainsi de suite.

Une des premières tâches dont je charge mes consultants est de retrouver leur date d'indépendance. Ça n'est pas toujours aussi facile que ça en a l'air ! Pour certains, elle est très évidente : un jour, ils ont quitté leurs parents, en les embrassant ou en claquant la porte, à reculons ou en courant, avec bonheur ou comme un déchirement, pour prendre leur envol. À partir de ce moment, ils ont pourvu à leurs propres besoins – logement, nourriture et tout ce qui est nécessaire à la vie quotidienne – sans que leur famille leur apporte une aide régulière. Ce qui n'empêche pas, le cas échéant, un petit coup de main de temps en temps ! Un étudiant n'est pas indépendant le jour où il quitte la maison pour s'installer dans une chambre de bonne ou en cité universitaire, pris en charge par une bourse ou par les deniers parentaux, mais bel et bien le jour où il touche son premier salaire, avec lequel il paie son premier loyer.

Dans un certain nombre de cas, il est très compliqué de déterminer la date d'indépendance. Par exemple, lorsque le jeune trouve un premier travail et un petit studio, mais ne parvient pas à se passer d'une aide régulière de ses parents. Ou bien lorsqu'il part pour s'installer tout seul, mais revient au bout de quelques mois, faute d'avoir pu stabiliser sa situation. Ou encore lorsqu'il quitte ses parents pour se mettre sous la dépendance d'une autre personne, qui pourvoit désormais à ses besoins… Trouver la « bonne » date d'indépendance, celle à partir de laquelle la deuxième partie de la vie commence réellement, et donc résonne parfaitement avec le premier cycle, peut être un travail minutieux, qu'il faut remettre plusieurs fois sur le métier ! C'est l'occasion, pour un consultant (et son praticien !), d'approfondir l'exploration de sa propre histoire : souvent, lorsqu'une personne a du mal à déterminer sa date d'indépendance, elle a aussi eu du mal à sortir du ventre de sa mère et à devenir un individu à part entière…

La vie de chacun d'entre nous se découpe ainsi en trois ou quatre, voire cinq grands cycles, au cours desquels nous revivons avec plus ou moins d'intensité – et de conscience – le premier de ces cycles… Pourquoi ? Comment ? Je n'ai pas de réponse à ces questions. Mais ce dont je suis sûre, c'est que c'est assez simple à vérifier. Même les plus sceptiques seront surpris de découvrir des échos insoupçonnés de ce premier cycle dans le reste de leur vie d'adulte !

GRILLE DE VIE

Pour mieux travailler sur ces cycles biologiques mémorisés, Marc Fréchet a élaboré un outil à la fois simple et précis, qui m'est devenu indispensable. C'est la grille de vie. Il s'agit d'un grand tableau imprimé sur papier, où l'on reporte mois après mois, année après année, tous les petits et les grands événements de sa vie. Au fur et à mesure que l'on remplit sa grille, en fouillant dans sa mémoire pour y reporter son histoire, se dessine, comme un paysage, cette partition dont je parlais plus haut où se répondent des éléments que l'on n'aurait jamais pensé à confronter, et dont jusqu'alors les liens nous avaient échappé. J'ai vu très souvent mes consultants tomber des nues en voyant apparaître noir sur blanc des éléments de leur histoire qu'ils connaissaient sans les connaître, ou tout au moins sans les relier à d'autres événements.

Pauline a régulièrement des crises d'épilepsie. Ça ne l'empêche pas d'avoir une vie « normale » car elle prend un traitement qui stabilise son état. Mais elle voudrait aller mieux et elle aspire à une vie moins chaotique. Elle me raconte son histoire : sa mère a quitté son père quand elle-même avait trois ans parce qu'elle trouvait qu'il ne se montrait pas assez amoureux, prévenant, attentionné. Elles ne l'ont plus jamais revu. Pendant longtemps, Pauline ne dispose d'aucune information sur l'existence de son père. Un jour, elle apprend qu'il est mort, sans même qu'on puisse lui dire depuis quand…

Pauline a vingt-deux ans quand elle rencontre Pierre. Ils se fiancent, mais elle se demande si elle a vraiment envie de se marier : elle trouve que Pierre ne prend pas bien soin d'elle. Elle l'épouse quand même. Quand elle a quarante et un ans, après dix-neuf ans de mariage, Pierre meurt d'un cancer du poumon. Trois ans plus tard, alors qu'elle vient de rencontrer un nouveau compagnon avec qui elle est partie en vacances, et dont elle dit : « Il ne s'occupe pas assez de moi », Pauline échappe de peu à la mort.

Il a fallu du temps à Pauline pour admettre que tous ces événements ne sont pas indépendants les uns des autres et qu'elle n'est pas victime de malchances répétées. C'est après un long chemin de recherche personnelle qu'elle peut enfin voir et sentir comment les cycles biologiques mémorisés résonnent dans son histoire, année après année :

À six mois de sa vie fœtale, sa mère, persuadée que le père de l'enfant n'est pas l'homme qu'il lui faut, éprouve un grand désir d'interrompre sa grossesse.

Quand Pauline a six mois, elle frôle la mort à cause d'une méningite cérébrospinale.

Quand elle a trois ans, son père s'en va. Elle ne le reverra jamais plus. Il disparaît de sa vie.

À dix-neuf ans, Pauline trouve un travail et prend son indépendance ; c'est le début de sa vie d'adulte.

À vingt-deux ans (soit 19 + 3), elle est sur le point d'annuler son mariage.

À quarante et un ans (soit 19 + 19 + 3), Pierre meurt.

À quarante-quatre ans (soit 22 + 22), elle met en danger son nouveau couple et frôle la mort.

Nous avons remonté, événement après événement, la mémoire engrammée dans le corps de Pauline. Jusqu'à ce qu'elle ressente, dans sa chair, la rage de sa mère contre son père, et contre tous les hommes, qu'elle a faite sienne tout au long de sa propre existence. Maux de ventre, crampes, tremblements, crispations… Tout le corps de Pauline résonnait de cette violence. Je l'ai accompagnée pour qu'elle entre en contact avec cette rage non pas par l'intermédiaire de son intellect mais au point de la sentir avec ses muscles, ses os, ses nerfs, sa chair, et de pouvoir la transformer, au lieu de la retourner sans fin contre elle-même et contre les hommes qui l'aiment. Elle est allée au bout de ses douleurs, jusqu'à ce qu'elles lâchent prise et se transforment enfin. Et elle a pu commencer une autre histoire, construite sur d'autres bases, avec son nouveau compagnon. La fréquence de ses crises d'épilepsie a considérablement diminué…

Dans l'histoire de Pauline, la première chose marquante, ce sont les coïncidences ; l'« écho-incidence ». Dans sa grille de vie, la ligne sur laquelle elle a écrit, dans la deuxième colonne : *22 ans, rupture de fiançailles* est en vis-à-vis parfait avec celle où est inscrit, dans la première colonne : *3 ans, départ de mon père*. Dans la troisième colonne, on lit sur la même ligne, exactement : *41 ans, mort de Pierre*. Comme un écho qui s'amplifie, cycle après cycle…

L'histoire de Pauline, racontée de ici de façon très succincte, n'est qu'un échantillon d'un très grand nombre de cas. Bien sûr, la vie est beaucoup trop complexe pour se réduire à des cycles, *a fortiori* pour ne résonner que sur un unique cycle d'une vingtaine d'années, éternellement répété. Ce qui rend notre travail aussi captivant et difficile, et nos existences aussi surprenantes et chaotiques, c'est la singularité de chaque parcours individuel et, dans chacune de ces histoires, l'interaction de multiples cycles et de leurs multiples échos.

Analogie musicale

De la même manière qu'il avait, au contact de ses patients, détecté les fréquences des événements qui rythmaient leur vie, c'est au contact des musiciens, qu'il fréquentait assidûment, que Marc Fréchet a fini par prendre conscience que les événements cycliques qui résonnent invariablement tout au long de nos existences le font en fonction des rythmes, des vibrations et des analogies qui régissent l'univers. Il est parti du principe de la résonance des corps et de ses harmoniques ; et de façon parfaitement empirique, en procédant par analogie, il a repris les composantes mélodiques du solfège pour les appliquer aux cycles des histoires de vie de ses patients. Et il a constaté qu'il est possible de déterminer des grands types de cycles, qui résonnent exactement comme le fait la musique. À l'instar des compositeurs, il a choisi de leur donner un sens, une interprétation.

Ce que je raconte ici, je l'ai vérifié à de très nombreuses reprises, mais je ne l'ai jamais expliqué. C'est la somme de dizaines d'années d'observation, avec Marc Fréchet, mais aussi avec d'autres praticiens qui, comme moi, apprennent et avancent chaque jour. Je ne sais pas en analyser le « pourquoi », mais je suis sûre d'une chose : ça n'est pas magique. Ça découle seulement d'une logique que nous ne maîtrisons pas encore. En attendant, ce sont ces cycles qui nous permettent à nous, praticiens en mémoire du corps, de chercher avec nos consultants ce qui les empêche de vivre, et de remonter, petit à petit, jusqu'à la crispation initiale, à l'événement fondateur, à la souffrance originelle.

Les musiciens comprendront aisément le principe ; les autres compteront sur leurs doigts, interrogeront leur vie et découvriront avec étonnement qu'elle vibre au rythme de ces quatre cycles : l'octave, la quinte, la quarte et la tierce.

Octave à l'identique

Si l'on coupe une corde de vibration *do* exactement en son milieu, on obtient deux cordes de vibration *do*. Les deux demi-cordes rendent exactement le même son, mais un ton plus haut que la corde entière : c'est l'octave.

Dans un cycle de vie, on trouve l'octave en comptant exactement la moitié ou le double de l'âge auquel se produit un événement. Si quelqu'un est tombé malade à douze ans, il est judicieux de regarder ce qui s'est passé dans sa vie quand il en avait six, puis dix-huit, puis vingt-quatre, trente, etc. Il est possible, à quelques mois près, qu'il entre en écho avec un événement identique déjà vécu, dont le corps se souvient et auquel il continue de réagir, cycliquement.

Quinte et sens

Si l'on retranche à une corde de vibration *do* un cinquième de sa longueur, on obtient une quinte de *do*. La quinte d'une note est un son quasiment identique à celui de la note.

Dans un cycle de vie, nous avons observé que la quinte correspond à une résonance qui donne le sens de ce qui est vécu. Si quelqu'un entre en dépression à trente ans, on divise son âge par 5, ce qui donne six ans, et l'on soustrait ces six ans de l'âge de la maladie : 30 – 6 ans = 24 ans. Il est possible, toujours à quelques mois près, qu'un événement majeur se soit produit dans la vie de cette personne lorsqu'elle avait vingt-quatre ans, et que l'écho de cet événement provoque son entrée en dépression six ans plus tard.

Quarte en silence

Si l'on retranche à une corde de vibration *do* un quart de sa longueur, on obtient une quarte.

Nous avons pu observer que la quarte correspond au silence, au non-dit, aux secrets. Supposons qu'une femme fait une fausse couche à vingt-huit ans. On divise son âge par 4, ce qui donne sept ans, et l'on soustrait ces sept ans de l'âge à laquelle elle fait cette fausse couche : 28 – 7 = 21 ans. Ce qui n'a pas pu être dit ou a été caché (paroles, émotion, ressenti, ou tout événement gardé secret) quand cette femme avait vingt et un ans donne une indication sur ce qui est également caché au moment de la fausse couche.

Tierce personne

Si l'on retranche à une corde de vibration *do* un tiers de sa longueur, on obtient une tierce.

Nous avons pu observer que la tierce a un rapport avec une (ou des) tierce(s) personne(s) intervenant au moment où se produit un événement. Exemple : un homme de trente-trois ans ne supporte plus sa famille. On divise son âge par 3, ce qui donne onze ans, et on soustrait ces onze ans de l'âge qu'il a lorsqu'il envoie tout balader : 33 – 11 = 22 ans. Il est intéressant d'aller voir dans son histoire quelle tierce personne est intervenue lorsqu'il avait vingt-deux ans et quelle émotion elle a suscitée qui pourrait résonner onze années plus tard. Attention ! Ça n'est pas parce que, à l'âge de vingt-deux ans, cet homme s'est affronté à son frère aîné par exemple, que la rupture avec sa propre famille, onze ans plus tard, a quelque chose à voir avec ce frère aîné. Mais elle a à voir avec l'émotion, la blessure, le chagrin, les questions que cet affrontement aura suscités.

J'ai pris volontairement des exemples simples et des chiffres ronds. Naturellement, dans la vraie vie, les choses sont beaucoup plus sophistiquées ! Mais quiconque essaie de relire son existence en y cherchant les échos de ces cinq grands cycles biologiques mémorisés sera étonné de découvrir que ce tout autre éclairage, est parfois très… éclairant !

Et la seconde ? la sixte ? la septième ? la neuvième ? Marc Fréchet est mort avant d'avoir terminé son exploration. Et si nous avançons dans la connaissance et la compréhension de toutes ces analogies, nous sommes encore bien loin d'en avoir fait le tour.

Anniversaires

La loi des cycles s'applique également à des événements qui peuvent sembler un peu « annexes » à notre propre histoire de vie. Il m'arrive assez fréquemment, par exemple, d'aller vérifier l'âge des parents de mon consultant au moment de sa conception et de le mettre en miroir avec son âge à lui. Si sa mère l'a conçu à trente-six ans, que s'est-il passé dans sa trente-sixième année à lui ? J'ai pu constater que certaines personnes ne s'accordent le droit d'être un individu à part entière que lorsqu'elles ont elles-mêmes atteint l'âge où leur parent dominateur les a conçues…

Je vérifie aussi à quel âge les parents de mon consultant ont eux-mêmes pris leur indépendance. Et il n'est pas rare que je trouve chez lui une certaine propension à répéter, mois pour mois, le schéma parental !

Parfois, il est nécessaire de remonter plus loin dans la lignée – les spécialistes des liens transgénérationnels et de la psychogénéalogie ne me démentiront pas. Anne Ancelin-Schützenberger, qui les pratique depuis de nombreuses années, parle du « syndrome d'anniversaire » : « L'inconscient, qui a bonne mémoire, semble-t-il, aime les liens de famille et marque les événements importants du cycle de vie par répétition de date ou d'âge : c'est le syndrome d'anniversaire. »[1] Dans son livre, *Aïe mes aïeux*, elle rapporte des dizaines d'histoires de famille, simples ou complexes, où maladies, deuils, accidents se répètent de génération en génération avec une régularité troublante. Je suis moi-même un exemple de cela : quelques mois avant mon quarantième anniversaire, un cancer très avancé, mais que personne n'avait détecté, m'envoie en urgence à l'hôpital. Les médecins

1. Anne Ancelin-Schützenberger, *Aïe, mes aeïux ! Liens transgénérationnels, secrets de famille, syndrome d'anniversaire et pratique du génosociogramme*, Paris, Desclée de Brouwer, 2007.

me donnent moins d'un an avant d'en mourir. Ma mère est morte de ce même cancer, à la moitié de mon âge du moment. Et sa mère également… Et que dire de la « malédiction » de ces grandes familles, dont la presse a fait ses gros titres à plusieurs reprises ? Ces capitaines d'industrie, héritiers de plusieurs générations d'entrepreneurs « au destin tout tracé » (quelle liberté peut donc laisser un « destin tout tracé » ?), fauchés dans la fleur de l'âge par un accident ou une crise cardiaque, dont on apprend en lisant leur nécrologie que, déjà, leurs frères, oncles, grands-oncles ont succombé, presque au même âge, dans des circonstances tout aussi dramatiques ? Ainsi, cette grande famille d'industriels français du centre de la France dans laquelle, en trois générations, cinq hommes jeunes et en pleine santé sont morts dans des accidents d'avion, de voiture ou de bateau… « Pas de chance », disent les journaux ; mauvais hasard, malédiction, pour ces « drames à répétition »…

Je sais, moi, pour la côtoyer chaque jour dans mon cabinet, que, dans la plupart de ces situations, la répétition n'a rien de hasardeux. Bien au contraire.

Le rang de naissance

Chacun sait d'expérience qu'un autre élément important résonne dans l'histoire individuelle : c'est le rang de naissance. On calcule le rang de naissance en comptant le nombre de grossesses de la maman, y compris les grossesses non abouties. Si vous êtes le deuxième de la famille, mais que votre mère a fait une fausse couche entre la naissance de votre aîné et votre propre naissance, vous êtes en réalité le troisième. Si vous êtes le troisième mais que vos aînés sont des jumeaux, vous êtes considéré comme un deuxième, puisque vos aînés sont issus d'une seule et même grossesse.

Pas la peine d'être un spécialiste pour mesurer à quel point, dans une famille, le rang de naissance compte. Être l'aîné ou le « petit dernier », la première fille ou le troisième coincé entre « les grands » et « les petits » détermine notre rôle, notre histoire, et même notre héritage familial. Et que dire de celui qui arrive après un enfant mort ou une série de fausses couches ? Du petit mâle, miraculeux après trois filles ? Du bien portant qui vient « compenser » l'enfant malade ? Tout comme notre histoire de naissance, le rang auquel nous arrivons dans la famille tient une place capitale dans la construction de l'individu que nous sommes. Dans un travail sur la mémoire du corps, il n'est pas possible de ne pas en tenir compte.

De la même manière, le rapport rang de naissance des parents/rang de naissance des enfants peut aussi avoir une incidence importante dans les résonances des cycles de la vie. À la naissance de l'enfant de même rang que l'un de ses parents, il est possible que ledit parent se « remette au monde » avec cet enfant ; par exemple, un père fils aîné peut s'identifier très facilement à son propre fils aîné sur les épaules duquel il est tenté de faire peser ses propres réussites et ses propres échecs, ses ambitions et ses déceptions. La relation des parents avec leurs enfants raconte souvent la relation qu'ils ont eue, eux, avec leurs propres frères et sœurs de même rang que leurs enfants. Par exemple, une maman fille aînée peut avoir tendance à projeter sur sa petite dernière la relation qu'elle-même a eue avec sa petite sœur.

C'est en ne négligeant aucun de ces éléments, de ces subtilités, qu'il est possible d'établir, peu à peu, une grille de vie riche et complète, et d'en faire un outil de travail précieux.

TRANSFORMER LA BLESSURE

Établir sa grille de vie, c'est comme s'attaquer à un immense puzzle dont on croit savoir à l'avance le résultat, mais dont l'image ne cesse de nous étonner, pièce après pièce. C'est la première étape, indispensable, de tout travail en mémoire du corps. Une sorte de pense-bête géant qui permet à notre mémoire, mais aussi à nos sensations, nos émotions, de remonter à la surface. Les personnes qui entament une psychothérapie ou une psychanalyse font le même travail, avec d'autres outils. Point par point, elles se réapproprient leur histoire et y posent un regard neuf et curieux, enfin conscient, simplement parce que l'éclairage a changé.

Dans le travail de mémoire du corps, au fur et à mesure que l'histoire se dit, nous allons chercher son ancrage dans la matière. Les cellules constituent notre organisme, nos os, nos muscles, nos nerfs, nos viscères, nos membranes. Ils sont pétris de cette mémoire, au point d'en souffrir si elle est souffrante. Séance après séance, le corps restitue de façon très concrète les éléments qu'il a enfouis. Et dont on finit toujours par trouver une trace dans la grille de vie.

À partir de cette grille de vie, qui est un outil majeur pour tout praticien en mémoire du corps, nous pouvons mettre en évidence tous les cycles biologiques mémorisés, au cours desquels on décèle, reproduites à l'identique, les sensations, les perceptions, les crispations liées à la blessure initiale qui se développent et s'amplifient, jusqu'à provoquer émotion et douleur physique chez le consultant... En relisant son histoire à la lumière de ces cycles, chaque personne peut s'approcher petit à petit de sa blessure originelle. C'est comme une chasse au trésor, où chaque indice le fait avancer sur la piste et le mène peu à peu vers le cœur de sa vie, le point de départ de sa douleur.

Mais ce voyage n'aurait pas grand sens s'il ne menait nulle part ! Je l'ai déjà dit, et je l'expliquerai plus en détail dans la troisième partie de ce livre : la quête généalogique, historique, familiale et intérieure au moyen des outils que je viens de décrire vise à retrouver la blessure initiale, l'impact originel enfoui dans notre corps et qui nous fait souffrir. Parce que nous savons, aussi, transformer cette blessure pour qu'elle cesse de résonner et de nous empêcher d'accéder à notre propre existence. Je ne me prive jamais de rappeler cette information essentielle à mes consultants : cette mémoire qui nous taraude, qui nous empêtre, qui nous empoisonne, elle est transformable ! C'est le travail que je développe depuis plus de trente ans maintenant, et il porte ses fruits, tous les jours. Si on sait l'écouter, le prendre en compte, le mettre au centre de la recherche, le corps est capable d'enregistrer de nouveaux éléments et d'apprendre à en faire autre chose que ce qu'il en fait depuis des années.

Je n'ai parlé jusqu'ici que de ce qui va mal. Heureusement, le principe du travail sur la mémoire du corps et de ses cycles vaut également pour le bonheur et les bonnes nouvelles. Car le cerveau garde aussi en mémoire les événements qui suscitent bien-être et joie. Et, de la même manière, ils résonnent à l'infini, cycliquement, déclenchant dans nos existences des moments de grâce où tout nous réussit, où la vie est belle et triomphante, où l'on aime, on crée, on construit, on avance sans que rien fasse obstacle.

Notre existence est régie par cette énergie qui constitue le monde et dont nous sommes constitués, qui résonne en ondes sans fin, cycle après cycle. Et notre histoire est imprégnée d'une mémoire tatouée dans notre corps, qui vibre et se souvient de chaque crispation, qu'elle soit douce ou douloureuse, et la répète lui aussi, à l'infini.

7
Neuf mois

Il y a l'histoire de l'histoire, et puis il y a le moment précis, où toute cette énergie créatrice, chargée des héritages et des espérances d'un homme et d'une femme, entre en matière. Les mots sont beaux et justes, si on les utilise à bon escient : on peut dire que l'énergie « prend corps », pour constituer un corps humain. Un jour, une heure, une minute, une seconde, et l'acte sexuel d'un homme et d'une femme fait « entrer en matière » un nouvel être humain. En un instant, tout prend corps et tout se fige dans la matière : sa mémoire d'ancêtres, l'énergie de ses parents, et, aussi, sa première blessure.

Cela veut dire, très concrètement, que la première division cellulaire commence quinze heures après la fécondation. Deux jours après, l'amas comporte déjà sept ou huit cellules et commence à se diviser en deux parties : une pour l'embryon, une pour le placenta. Il faut encore cinq jours à l'œuf pour finir sa migration et aller s'implanter dans la paroi utérine. Au septième jour, la genèse est achevée : tout est en place.

Il me semble important, avant d'aller plus loin, de parcourir très simplement ces neuf mois durant lesquels notre matière prend forme. D'abord parce que c'est de là que nous venons, et qu'il est toujours bon de se rappeler d'où l'on vient. Ensuite, parce que, durant ce développement si précis, le fœtus est évidemment réceptif à tous les événements, extérieurs et intérieurs, de son existence. Et que, parfois, mettre en écho un événement extérieur et un événement de développement intérieur éclaire sur l'origine d'une douleur… Comme d'habitude, les exemples vaudront toutes les explications : les corps de mes consultants portent en eux tout ce qu'ils m'ont appris.

1er MOIS, LA DÉMULTIPLICATION

Le premier mois est un mois d'installation. C'est aussi le moment où l'ovule fécondé se sépare en deux : une partie deviendra l'embryon, l'autre le placenta. Il est important, pour la suite de l'histoire, de se souvenir de ceci : au commencement, nous venons d'un unique impact énergétique, une cellule qui se divise, une fois, deux fois, mille fois…

2e MOIS, LE MOUVEMENT

Au deuxième mois, le fœtus commence à bouger. L'arbre cardiaque se forme, la colonne vertébrale s'ébauche, les orbites apparaissent et le sexe, d'apparence féminine, se développe.

Quand la mère d'Annick découvre qu'elle est enceinte de deux mois, c'est la panique. Personne ne doit s'en rendre compte, car elle effectue une période d'essai en vue d'un nouveau travail. Elle trouve mille manières de rentrer le ventre et de cacher son état. Quarante-cinq ans plus tard, Annick ne bouge toujours pas : une très sérieuse maladie l'en empêche. Comme pétrifiée dans sa vie, elle est toujours ce bébé qui a peur de déranger et de faire péricliter les projets de sa mère. Elle semble ne se donner ni le droit de bouger, ni même le droit d'aimer, de réussir dans son travail et, pour tout dire, de trouver sa place dans quelque domaine que ce soit.

3e MOIS, LE SEXE

Au troisième mois, le fœtus s'oriente vers une détermination sexuelle : il reste féminin ou il devient masculin ; sous l'effet de la testostérone, le clitoris pousse, se referme et devient une verge ; les ovaires se transforment en testicules et descendent à l'extérieur du corps. L'appareil digestif commence également à se mettre en place, ainsi que l'appareil respiratoire, qui ressemble à celui d'un poisson puisque le fœtus évolue dans du liquide. Une autre étape, extrêmement importante, aboutit à la création du pancréas, qui contient des cellules isolées, appelées îlots de Langerhans, qui vont intervenir dans la fabrication de l'insuline. Le pancréas est une sorte de « chef d'orchestre » de la digestion, qui va réguler, durant toute l'existence, tout ce qui a trait à la nourriture.

4e MOIS, LES GLANDES

Au quatrième mois, tout le système rénal se met en place. Le système glandulaire se perfectionne, en particulier le thymus qui relie totalement l'enfant à sa mère et assure ses défenses immunitaires. À cette étape, le fœtus et sa maman sont en osmose totale, et le petit est complètement branché sur l'inconscient de sa mère. C'est à ce moment que se développent aussi la glande tyroïde et les œstrogènes, déterminants dans le développement harmonieux des attributs sexués.

Je me souviendrai toujours de l'arrivée de Lisa dans mon cabinet : une jeune femme incroyablement pâle, presque translucide, les yeux perdus d'angoisse. Elle avait en permanence un casque de walkman sur les oreilles, comme si toute communication avec l'extérieur lui était impossible. Après plusieurs séances, Lisa est hospitalisée d'urgence pour une pancréatite. Puis elle se met à souffrir du foie, de plus en plus. Les médecins ne comprennent pas. En travaillant avec Lisa, nous découvrons dans son histoire et dans son corps que, durant les troisième et quatrième mois de la grossesse de sa mère, celle-ci a éprouvé une très violente colère contre le père de Lisa, qui s'est absenté et l'a laissée se débrouiller toute seule. L'appareil digestif de Lisa, en pleine fabrication à ce moment-là, a mémorisé cette colère terrible, qui n'en finit pas de résonner.

Notre travail permettra à Lisa de se faire soigner en connaissance de cause, et elle finit par aller mieux. Elle a compris, aussi, pourquoi elle n'a jamais vraiment accepté son père, qui pourtant avait repris sa place aux côtés de sa mère avant même l'accouchement.

5e MOIS, LES NEURONES

Le cinquième mois est particulièrement important, puisque tous les neurones se mettent en place définitivement. C'est aussi le moment où se fabrique le surfactant, une sécrétion destinée à lubrifier les alvéoles pulmonaires, qui pourront ainsi se déployer au moment de la naissance au lieu de rester collées les unes aux autres. Au cinquième mois est également produite la très importante hormone antidiurétique, qui favorise la croissance.

Cela fait des années qu'Yvonne a du mal à respirer. Le diagnostic est posé : emphysème pulmonaire. Les médecins la soignent et la maintiennent en vie, mais elle voudrait comprendre. C'est pour cette raison qu'elle vient me voir. Ensemble nous trouvons l'origine de son mal : au cinquième mois de sa grossesse, la mère d'Yvonne a subi un énorme choc émotionnel, qui lui a coupé le souffle, au sens propre et au sens figuré. La production des surfactants en a sans doute été extrêmement perturbée. Depuis, Yvonne cherche son souffle, sans arrêt. Elle se sent étouffée entre sa sœur aînée, à peine plus âgée qu'elle, et sa sœur cadette, née moins d'un an après elle. Et a toujours la sensation de n'être pas à sa place, de déranger tout le monde, de manquer d'air…

6e MOIS, LA RESPIRATION

Au sixième mois, le système respiratoire est en place. Si le bébé naissait, sa croissance serait suffisamment avancée pour qu'il ait des chances de survie, soutenu par la technologie médicale, et dans des conditions très inconfortables pour lui.

7e MOIS, L'OUÏE

Au septième mois, le bébé est viable, même si ses possibilités de fonctionnement sont encore limitées. C'est l'âge des grands prématurés, qui survivent mais ont besoin d'être surveillés constamment, et surtout réchauffés sans arrêt. Grâce à son oreille interne, le bébé réagit aux sons extérieurs. Il connaît la voix de son père, celle de sa mère et l'univers sonore et musical dans lequel ses parents gravitent. Certains de ces sons l'apaisent et le détendent, d'autres, au contraire, produisent chez lui une grande nervosité.

8e MOIS, LE RETOURNEMENT

Le huitième mois est surtout consacré à l'achèvement de la fabrication. Tous les organes vitaux poursuivent leur croissance. La production de surfactant augmente. Le bébé se retourne. Il commence à engager sa tête vers la « sortie », dans le tunnel du canal pelvien. Certains irréductibles, pourtant, n'ont pas envie d'affronter le monde. Ils restent de côté, ou présentent leur postérieur au lieu de présenter leur tête, comme s'ils n'arrivaient pas à prendre la décision de naître. Cette indécision leur coûtera une naissance à reculons, difficile et étouffante, et parfois, toute une vie à l'avenant…

Baptiste a vingt-huit ans et n'arrive pas à « faire quelque chose » de sa vie. Il voudrait s'engager dans l'action humanitaire, mais se sent empêché par une énorme force d'inertie. Découragé par cette incapacité à se mettre en mouvement, il a recours à l'alcool et aux drogues. Le seul domaine dans lequel il n'est pas inactif, c'est la sexualité : la sienne est si débridée qu'elle l'empêche de trouver une attache affective.

Il a fallu du temps pour décrypter la mémoire du corps de Baptiste. Nous y avons cependant découvert, peu à peu, une multitude de « clés ».

Baptiste a été conçu, par hasard, par des parents qui ne s'entendaient plus et n'avaient aucun désir d'enfant. Sa mère est enceinte de deux mois quand ils se séparent. Quand elle découvre sa grossesse, elle songe sérieusement à avorter : elle ne voit pas quel sens elle pourrait donner à la venue de cet enfant. Elle finit par se résigner et se console en désirant ardemment que le bébé soit une fille. Au septième mois, le père fait savoir à la mère qu'il ne veut pas entendre parler de l'enfant à naître. Terrifiée à l'idée de devoir l'élever toute seule, sans l'aide du père, la mère de Baptiste sombre dans une profonde déprime. Au huitième mois, le bébé ne se retourne pas. Il est sûrement trop difficile, pour lui, de désirer naître dans ce monde où il n'est pas le bienvenu.

9e MOIS, LA LUMIÈRE

Le neuvième mois, tout est prêt. La paroi du ventre de la mère est tellement dilatée que la peau, affinée, laisse passer un peu de lumière. Le bébé n'est plus dans une totale obscurité. Reste à prendre l'élan et la décision de sortir. Et de quitter un utérus maternel de moins en moins confortable, pour affronter le monde : une aventure…

L'EMPREINTE FŒTALE

Pendant toute la gestation, à la fois lente et fulgurante – neuf mois, c'est tellement peu dans une éternité ! –, l'être humain n'est qu'un corps. Il ne réfléchit pas, ne pense pas, ne fait pas ; il sent par ses cellules. Il reflète, voit, entend, enregistre ses propres sensations et celles de sa mère, à laquelle il est absolument relié. Ses cellules les emmagasinent dans leur mémoire. C'est de ces sensations que l'être en pleine fabrication va se constituer. C'est à ces sensations que, déjà, il va apporter des réponses, elles aussi sensitives : angoisse et bien-être, crispation et détente, éveil et sommeil… La mémoire de son corps est déjà en œuvre : elle enregistre, dans cette empreinte fœtale, les événements primaires qui feront écho sa vie durant. Nous apprenons à vivre avec ces échos, que nous n'entendons pas et qui nous accompagnent. Notre organisme compose avec eux. Réagit, reçoit et génère des sensations, s'adapte, contourne, invente des contre-feux. Et fabrique cette « peau de sensations », qui fait barrage entre le corps et la réalité, au point de devenir, petit à petit, une carapace, une armure qui nous enferme et nous limite…

Je voudrais que ce soit bien clair : il n'est pas question, ici, d'une construction mentale qui résonnerait jusqu'au corps pour finir par le faire tomber malade. Baptiste ne s'est pas mis dans cet état d'incapacité à agir parce qu'il a appris que ses parents ne s'aimaient pas. Il portait, en lui, ce très grand mal-être. Parce qu'il est issu de cette énergie d'amour mort et que depuis sa conception ses cellules ont mis en mémoire des sensations douloureuses, liées à l'histoire de ses parents. C'est son corps qui sait que sa mère a voulu qu'il ne naisse pas. Il a engrammé la panique du jour où son père a annoncé qu'il ne fallait pas compter sur lui. Il s'est fabriqué dans les sensations de désespoir, de solitude, d'angoisse et d'abandon de sa jeune maman. C'est de ce corps-là, que partent les souffrances de Baptiste. Et c'est la mémoire de son corps qu'il faut soigner et transformer pour qu'il aille mieux, en retournant jusqu'à la meurtrissure de la première empreinte.

8

La douleur de naître

Le psychiatre tchèque Stanislas Grof, dans son travail de recherche sur les expériences périnatales, décrit très bien les quatre phases par lesquelles le bébé sur le point de naître doit passer ; quatre « matrices » enregistrées dans la mémoire de notre corps. Si le nouveau-né que nous fûmes a du mal à s'en souvenir, les femmes qui ont donné la vie, elles, reconnaîtront quelques sensations.

Première phase : fusion. Tout va bien, le bébé est au chaud dans un monde à lui, liquidien et rassurant, où sons et impressions lui parviennent amortis. Il n'a aucune envie de sortir de ce nid douillet.

Deuxième phase : première lutte. Tout d'un coup, rien ne va plus. Une poussée irrésistible l'oblige à sortir, et lui lutte, s'accroche pour rester dans son petit royaume.

Troisième phase : seconde lutte. S'apercevant que résister est inutile, que la situation lui échappe et qu'il faut mourir à ce monde clos pour aller en explorer un autre, le bébé lutte désormais pour sortir le plus vite possible.

Quatrième phase : lâcher prise. Le bébé accepte d'effectuer son passage passivement. Dès lors tout se fait sans douleur et va de mieux en mieux jusqu'aux bras chauds qui l'accueillent de l'autre côté.

Seconde après seconde, chaque sensation de ce délicat voyage est engrammée dans la mémoire du corps. C'est le moment crucial où l'être enregistre dans une grande violence une série de sensations nouvelles, douloureuses, éprouvantes, qui présideront au reste de son existence : la compression dans le passage, l'urgence vitale d'en sortir, le froid du dehors qui contraste avec le chaud du dedans, la lumière, l'air qu'il faut inspirer, une autre peau sur sa propre peau, les sons crus, débarrassés du filtre du ventre maternel… Cette succession d'attitudes se reproduira dans toutes les périodes de changement : tous les processus de mort-renaissance, c'est-à-dire toutes les circonstances où il faudra abandonner impérativement un état, une situation, un fonctionnement pour passer à un autre, seront imprégnés par le processus des matrices périnatales.

Même si nous préférons nous représenter la naissance comme un moment de bonheur et de délivrance, il faut admettre qu'elle est, j'en suis intimement convaincue, un passage très effrayant et douloureux, pour chacun d'entre nous.

Respiration existentielle

La première expression de la douleur de naître, c'est un cri. Cri de souffrance, de stupeur, qui, curieusement, réjouit les adultes présents pour entourer la maman et accueillir le bébé. Par cette première expiration, qui suit de près la première et sans doute très douloureuse inspiration, l'enfant entre dans le royaume des contraires. La respiration va rythmer toute son existence, dans un monde où tout n'est qu'éternel balancement : inspiration/expiration ; froid/chaud ; bon/mauvais ; doux/dur ; facile/difficile ; amour/haine ; vie/mort…

La première respiration, inscrite dans la mémoire du corps, est inexorablement liée à l'agression que représente la venue au monde. Le célèbre médecin physiologiste Ivan Pavlov, qui a passé une grande partie de sa vie à explorer les réflexes conditionnés, l'explique en y ajoutant un soupçon d'humour noir : « Nous avons uni à jamais respiration et agression. La vie est ce contre quoi on doit se défendre. Nous avons lié indissolublement respiration et mort, vie et angoisse. Admirable entrée en matière ! »

Une jeune maman vient me consulter parce qu'elle ne sait plus quoi faire avec son tout petit bébé, qui hurle depuis sa naissance. Quand je lui demande comment s'est passé l'accouchement, elle se met immédiatement en colère : rien ne s'est déroulé comme elle le souhaitait. Je l'arrête et lui demande de s'installer dans une pièce à côté de mon bureau et de prendre le temps de jeter sur le papier ce qui la met hors d'elle. En une heure, elle noircit trois pages d'un récit furieux, tout étonnée de pouvoir exprimer par écrit la violence qu'elle a ressentie quelques semaines plus tôt. Tout y est : sa peur lorsqu'elle a perdu les eaux en l'absence de son mari, malencontreusement injoignable ; l'agressivité du chauffeur de taxi qui ne voulait pas risquer de prendre en charge une femme sur le point d'accoucher ; la désinvolture des infirmières qui l'ont accueillie en se moquant de son affolement ; le retard de l'anesthésiste qui l'a privée d'une péridurale ; le bébé qu'on a soustrait à sa vue dès la naissance sans lui expliquer de quels soins il avait besoin… Je suggère que si son enfant est très en colère, c'est peut-être parce que sa colère à lui, de devoir affronter le monde, a rejoint sa colère à elle, due aux conditions de l'accouchement. Furieuse elle-même, elle n'a pas pu adoucir la fureur de son bébé, ni y répondre ; leurs deux colères sont entrées en résonance, ce qui a empêché le bébé de sortir du courroux provoqué par sa naissance.

Laisser pleurer le bébé, tout en l'accompagnant pour qu'il ne se sente pas seul avec sa colère, c'est lui permettre de l'évacuer au lieu de l'emmagasiner et de se construire autour. Ce sera une manière pour lui de traverser la mémoire originelle de sa propre colère et de celle de sa mère, qui risquent bien, s'il n'en fait rien, de le faire souffrir tout au long de sa vie.

Clément a vingt-huit ans. Il oscille, depuis toujours, entre une joie de vivre pétaradante et de grands moments de découragement, durant lesquels il a toujours l'impression qu'il ne va « pas s'en sortir ». Il est actif, vivant, efficace, plein d'énergie, mais il souffre aussi de bouffées d'angoisse de plus en plus fréquentes ; il n'a alors qu'une seule envie : se réfugier chez lui et ne plus bouger ; ne plus avoir à affronter le monde extérieur… À ces angoisses s'ajoutent de nombreuses peurs : de l'eau, de l'avion, de la foule et de tous les endroits où il se sent enfermé.

Au fil des séances, Clément finit par ressentir dans son corps que sa naissance a été pénible, et un peu trop longue. Rien qui n'ait alarmé la sage-femme ni sa maman, mais un passage douloureux dont tout son corps résonne encore. L'organisme de Clément se souvient qu'il a avalé du liquide amniotique, qu'il s'est étouffé, et qu'il a eu l'impression de se noyer. C'est l'impression qu'il retrouve dès qu'il entre dans une piscine, ou qu'il s'avance dans la mer. Il sent qu'il va mourir. Qu'il ne pourra pas (s'en) sortir. Peu à peu, il prend conscience que dans sa vie quotidienne, chaque fois qu'il doit changer d'état et « se redonner naissance », son corps ressent cette inquiétude et la peur de mourir.

L'EMPREINTE DE NAISSANCE

Aux sensations pénibles du « passage » s'ajoutent d'autres sensations : la joie ou la déception, l'inquiétude, le chagrin, l'émerveillement, le dégoût, les larmes, les cris, les sanglots, les silences – toutes les émotions qui peuvent tourner autour d'une table d'accouchement, et que le nouveau-né capte sans aucune protection.

Dans les secondes qui suivent son irruption dans le monde, les choses s'accélèrent : on coupe le cordon, ce fil qui le lie au placenta, son double, et, à travers lui, à sa mère. On lui tape sur les fesses pour le faire hurler. On lui aspire les muqueuses, on le saisit par les pieds, on l'étrille, on l'éponge, on le tripote, on l'évalue, on l'habille, on le bouscule et on le pose dans une boîte, loin de tout. Loin de sa mère. Loin du paradis.

Pour le petit homme, c'est la première expérience de la solitude : il n'est plus en fusion ni avec son placenta, ni avec sa mère. Il découvre le besoin, le manque et la sensation vertigineuse d'une attente que nul ne vient plus combler. Une sensation détestable qui s'imprime dans la mémoire de son corps et qui se réveillera tout au long de sa vie, avec plus ou moins de virulence, à chaque fois qu'il aura à connaître une situation de détresse.

Et que dire des petits qu'on arrache du ventre de leur mère à l'aide d'une césarienne, pour des raisons médicales ? À toutes les terreurs de la naissance s'ajoute, pour eux, celle de n'avoir rien senti venir. La lutte du bébé pour d'abord résister à la poussée, puis décider de s'y soumettre est un moment crucial de sa vie ; le moment où il en prend possession et où il ressent, dans chacune de ses cellules, qu'il peut choisir, agir, participer. Quand on entre dans la vie sans avoir fait cette expérience, on peut passer tout le reste de son existence à (ré)apprendre à choisir, agir, participer... Dans son livre, *Pourquoi la souffrance ?*, le psychothérapeute suisse J. Konrad Stettbacher le décrit parfaitement : « Ces enfants sont mis au monde cruellement : on les tire, les "appelle à la vie", les "réanime" aussi rapidement que possible, on les pince, on les frappe (...). Ils ne connaissent pas, à leur venue au monde, la joie et le réconfort de sentir, posés sur leur mère, celle-ci les caresser et leur souhaiter la bienvenue, avec tout ce que cela implique, ce renouvellement des liens. Sa peur latente de la solitude sera plus ou moins importante, selon le traitement subi à cette phase de la vie, selon qu'il se sera senti plus ou moins abandonné et sans protection. L'enfant portera en lui l'empreinte de la séquence suivante, qui marquera toute son existence : plaisir-joie-excitation-élan (colère)-torture-tourment-désastre (...). Alors que chez un enfant "né normalement", nous aurions la séquence suivante : plaisir-joie-excitation-élan-sentir son corps-succès par l'activité personnelle et commune-épuisement-retrouver son corps posé sur sa mère-respiration autonome-se sentir accueilli par sa mère et à l'abri auprès d'elle-se sentir bien[1]. »

Et encore, que dire de ceux dont on provoque la naissance artificiellement, parce que cela arrange l'emploi du temps des uns ou des autres, l'organisation de l'hôpital ou de la famille, les prévisions des obstétriciens ? Et de ces bébés en grande souffrance, qu'il faut réanimer parce qu'ils se sont étouffés, comme Clément, avec le liquide amniotique, ou parce qu'ils sont nés avec le cordon autour du cou ? De ceux qui n'arrivent pas à prendre leur premier souffle,

---

1. J. Konrad Stettbacher, *Pourquoi la souffrance ? La rencontre salvatrice avec sa propre histoire*, Paris, Aubier, 1998.

ou dont le cœur s'arrête quelques instants ? De ceux qu'il faut aller chercher avec des forceps parce qu'ils ne trouvent pas le chemin tout seuls, ou qu'ils n'ont pas la force de le parcourir...

Action, réaction

En naissant, le bébé a fait l'expérience du changement d'état et de la violence du monde. Cela n'empêche pas sa mémoire de continuer à s'imprégner de toutes les nouvelles expériences et sensations auxquelles il est exposé en permanence. La première grande différence avec « avant », c'est qu'il se met à voir, à penser, à réfléchir, à s'exprimer, puisque son nouvel état le lui permet. Il apprend donc, dès les premières semaines, qu'il peut, et même qu'il doit interagir sur le nouvel environnement pour y assurer sa survie et son bien-être : si je pleure, ma mère vient ; si j'exprime que j'ai faim, elle me donne à manger ; si j'agis, elle réagit...

La mémoire imprime très vite ce nouveau mécanisme : une action entraîne une réaction. Pour un ex-fœtus qui n'avait qu'à grandir en s'imprégnant, c'est une expérience tout à fait hors du commun. Et c'est grâce à ce processus d'action/réaction que nous sommes capables d'apprendre et de grandir. Il faut, une fois dans sa vie, prendre le temps d'observer un bébé qui découvre sa main, ses doigts et leur utilité potentielle. Il faut le voir comprendre, peu à peu, qu'il peut les bouger et les utiliser pour attraper, saisir, porter à sa bouche l'objet de son désir.

Mais s'il ouvre des horizons insoupçonnés et très réjouissants au petit d'homme, ce principe d'action/réaction va aussi l'empoisonner, parfois gravement, pour tout le reste de sa vie. En effet, la mémoire de son corps va continuer d'engrammer méthodiquement, et tout à fait inconsciemment, toutes les informations qui ponctuent l'existence du petit enfant. C'est ainsi que le corps intègre que trouver quelque chose à manger calme la faim. Que sourire à l'autre, bien souvent, provoque le sourire en retour. Qu'il est plus confortable de faire ses besoins dans les toilettes que dans sa culotte, etc. Mais c'est par le même processus qu'un petit prend l'habitude inconsciente de manger du sucre pour calmer ses angoisses, de se taire ou de hurler pour calmer celles de sa mère, de renoncer à être autonome pour la conforter dans ses propres inquiétudes, d'être insupportable pour obtenir ce qu'il convoite, ou d'être transparent pour ne pas provoquer la colère de son père. Et pis, d'encaisser les coups en les prenant pour des preuves d'amour, d'accepter l'horreur pour obtenir en échange un peu de bien-être, de provoquer la douleur pour se sentir plus fort, ou simplement vivant.

Les cabinets de psychanalystes en accueillent beaucoup de ces adultes qui s'attellent à la tâche infiniment longue et difficile d'aller rechercher dans leur inconscient les blessures initiales de leur toute petite enfance. Tous ces événements si bien défrichés et expliqués par les pionniers de la psychanalyse d'enfants, Anna Freud, Melanie Klein, Donald W. Winnicott, Françoise Dolto, qui décrivent comment nous sommes marqués par ces événements et comment ils peuvent, la vie durant, nous torturer, nous détruire, nous abîmer, nous empêcher…

La façon de naître, l'empreinte de naissance et les premières heures d'existence au monde déterminent de manière durable et profonde notre façon d'être dans la vie. Toutes ces épreuves traversées, notre corps les enregistre dans leurs moindres sensations.

Il faudra beaucoup d'amour, d'attention, de générosité, d'intelligence, de douceur aux adultes qui entourent le nouveau-né pour l'en consoler. Et il lui faudra beaucoup de force et d'énergie pour s'engager dans cette vie qui commence si douloureusement.

9

MOI ET MON AUTRE

Du temps où j'étais écolier
Je restais le soir à veiller
Dans notre salle solitaire
Devant ma table vint s'asseoir
Un pauvre enfant vêtu de noir
Qui me ressemblait comme un frère.

Alfred DE MUSSET

Je ne peux pas parler de grossesse et de naissance sans dédier un chapitre à nos étranges « petits frères oubliés » de la nuit fœtale. Ils sont plusieurs. Nous les avons oubliés mais notre corps, lui, s'en souvient. Je ne compte plus le nombre de consultants qui disent sentir une présence, tendre ou douloureuse, agréable ou pesante, une sorte de double, qui les accompagne, ou qui leur manque ; un « autre » dont il faut tenir compte pour comprendre et aider. J'en ai reçu souvent de ces êtres malheureux, comme privés d'une moitié d'eux-mêmes et toujours à la recherche de ce qui les comblerait ; ou, au contraire, encombrés par un « double » – un jumeau, une amie, un frère, un conjoint – dont ils ne parviennent pas à se séparer, ce qui les empêche de vivre leur propre vie.

Le double placentaire

Il y a, d'abord, le placenta. L'autre moitié de la cellule originelle qui se développe, elle aussi, tout au long de la vie fœtale. Peu de femmes racontent cette seconde partie de l'accouchement, qui est pourtant, souvent, aussi pénible que la première : l'expulsion du placenta, qu'on appelle aussi « délivrance », puisqu'elle libère la femme de sa grossesse. Dans de nombreuses civilisations, le placenta a été longtemps traité avec respect, voire sacralisé. On le considérait un peu comme un double bienfaisant auquel on se doit d'être reconnaissant d'avoir participé au bon développement du bébé, et à son accompagnement jusqu'à la naissance.

En allemand, on le nomme *Nachgehert*, ce qui veut dire « ce qui naît après ». Le philosophe allemand Peter Sloterdijk commence *Bulles*, son récit de l'histoire du monde, par cette histoire-là : durant toute la grossesse, le placenta a été le double du bébé ; ce par quoi il a pu se nourrir et grandir. Peter Sloterdijk explique comment, en Allemagne, jusqu'à la fin du XVIIIe siècle, on plantait des arbres fruitiers sur les placentas enterrés, et que ces arbres avaient, toute leur vie, « une relation sympathique avec l'enfant ». Il décrit le placenta comme « un sombre petit frère qu'on a placé à notre côté afin que la nuit fœtale ne soit pas trop solitaire, une petite sœur qui, à première vue seulement, n'est là que pour dormir dans la même pièce que toi[1] » ; un accompagnateur rassurant et protecteur auquel nous serions intimement lié. Le philosophe dit aussi que, quand les hommes ont com-

1. Peter Sloterdijk, *Sphères*, vol. 1 : *Bulles*, Paris, Hachette Littératures, 2003.

mencé à jeter le placenta au lieu de le respecter, à l'incinérer comme un déchet ou à le transformer en cosmétiques, ils se sont plongés dans une grande solitude, qui peut être à l'origine de graves dépressions. Comme si, en se coupant de leur double, en l'oubliant, les êtres humains ouvraient la porte à une cohorte de fantômes et de démons, de désirs, de peurs et de troubles qu'une vie ne suffirait pas à combler et à consoler. Selon Peter Sloterdijk, il se peut que l'abandon du placenta, l'oubli de notre double originel, ait plongé l'Occident dans une grande mélancolie.

Que reste-t-il de ce double bienfaisant dans la mémoire de notre corps ? Le souvenir de quelque chose de vivant, complémentaire et nécessaire à notre vie. Une présence originelle, nourricière et fusionnelle, dont chacun de nous a été séparé à un moment capital et douloureux. Il nous reste, sans doute, l'espérance qu'il existe quelque part « un autre », semblable à nous, et qui nous apporte exactement ce dont nous avons besoin.

Dès le début de notre existence, nous sommes marqués, éprouvés par une nostalgie qui nous parle d'un paradis perdu, d'une fusion parfaite et d'une délicieuse dépendance à un autre nous-même qui, avec nous, partageait le bonheur utérin. Notre corps garde en mémoire ces sensations, qui se réveillent cycliquement, au passage d'événements qui en auront la couleur, ou la résonance.

Madeleine arrive à mon cabinet exaspérée par une situation plusieurs fois répétée : elle a rencontré une personne, qui est devenue une amie très chère, une « âme sœur ». Pour ne pas perdre cette amie, elle s'est pliée à ses exigences, a adopté son mode de vie, lui a emboîté le pas dans ses projets, bien qu'ils fussent éloignés de ses propres aspirations. Elle voudrait sortir de l'emprise de cette femme, mais elle ne peut pas. Quelque chose de plus fort qu'elle l'en empêche.

Il faut bien du temps à Madeleine pour s'approcher petit à petit de ses sensations originelles. Elle commence par arrêter de pleurer sur son sort. Elle comprend, avec son corps, que cette « amitié » lui impose des contraintes physiques insupportables et néfastes. Au cours de nos séances de travail, elle décrit assez précisément le désir très fort qu'elle éprouve, inassouvi et inatteignable, de retrouver une sorte de paradis perdu, en compagnie d'un double qui lui ressemblerait et auquel elle ressemblerait. Sans le savoir, elle parle de cette « béatitude placentaire » que son corps garde en mémoire, et dont la nostalgie l'envahit à son insu. Il lui faut encore du temps, ensuite, pour renoncer progressivement à ce rêve archaïque, pour lequel, comprend-elle enfin, elle a refusé de grandir. Et quelques mois supplémentaires pour se décider à envoyer balader son amie tyrannique, avec l'impression de (re)naître enfin. Depuis, Madeleine s'est fait de nouveaux amis. Des vrais, avec qui elle savoure une relation libre et accomplie.

LE JUMEAU DISPARU

Certains d'entre nous ont, sans le savoir, partagé le ventre de leur mère pendant quelques jours, quelques semaines ou quelques mois avec un frère jumeau ou une sœur jumelle. Bien qu'on ait beaucoup de mal à les quantifier – et pour cause –, il semblerait que les grossesses gémellaires soient bien plus fréquentes que les naissances multiples. La plupart du temps, l'un des embryons disparaît durant le premier ou le deuxième mois de gestation, sans avoir été détecté, et sans que personne s'en aperçoive ; les médecins appellent cela

« la lyse », décrite comme la « disparition complète d'un embryon ». En anglais, on parle de *vanishing twins* : les « jumeaux évanescents ». Ça n'empêche pas le fœtus survivant de ressentir physiquement la disparition de son double, souvent dans un contexte de stress terrible, que la mémoire de son corps engramme évidemment. Il semble qu'il puisse en rester, chez le rescapé, une impression tenace de danger et d'inquiétude, et une recherche éperdue d'« un autre »... L'embryon survivant peut en conserver une profonde culpabilité existentielle, comme s'il avait empêché « l'autre » de se développer et de vivre.

Hugo vient me voir l'année de ses trente-sept ans. Sa demande est précise : il voudrait être enfin capable de rencontrer une femme avec qui former un couple et fonder une famille. Mais il n'y arrive pas. Aucune des femmes qu'il rencontre ne lui donne jamais l'impression qu'elle pourrait combler ses aspirations. Nous commençons ensemble à remplir sa grille de vie. En interrogeant sa tante sur les souvenirs qu'elle a de la grossesse de sa mère et de sa naissance, Hugo apprend que celle-ci a été très inquiète en raison de saignements inexplicables survenus aux alentours du troisième mois. Mais que tout est très vite rentré dans l'ordre. Cette information me met la puce à l'oreille. Je propose à Hugo de s'allonger sur ma table de travail pour chercher l'écho qu'elle produit dans son corps. Après un bon moment de concentration, il descend progressivement dans sa mémoire corporelle et se ressent comme un petit fœtus niché dans le ventre de sa mère. Ce n'est pas un travail cérébral, mais bel et bien une sorte de voyage corporel, que nous appelons « descente dans le corps » et que j'expliquerai un peu plus loin. Ce voyage le remet au cœur de lui-même et de ce qu'il a ressenti et mémorisé durant sa vie fœtale. Hugo est envahi d'un profond malaise. « Je n'ai plus de place », dit-il. Il sent que « quelque chose » le dérange tout le long de son côté gauche et il pousse, de plus en plus fort, le corps étranger qui le gêne et lui prend sa place. Le malaise d'Hugo s'accentue. Je l'accompagne dans cette sensation de plus en plus angoissante et l'encourage à la visiter, malgré l'envie qu'il a de s'en dégager.

Hugo sent que la poussée se fait plus forte sur son côté gauche. Le manque de place l'étouffe, tout se contracte, à plusieurs reprises. Et tout d'un coup, ça y est : il ressent un immense soulagement, le bien-être l'envahit, tout se calme autour de lui et en lui. Avec une voix d'enfant que je ne lui connaissais pas, il explique : « Je suis bien content. J'ai toute la place pour moi tout seul… » En écoutant, encore un moment ce que son corps restitue de cette mémoire, il dit que le corps étranger était féminin. Je lui demande s'il ne ressent pas une tristesse, un manque, un vide, d'avoir perdu ce féminin. Sa réponse fuse, avec la voix triomphale de l'enfant qui vient de gagner une partie : « C'est mieux comme ça. En gardant tout pour moi, je suis plus fort. »

À la séance suivante, le corps d'Hugo restitue une scène de son adolescence, qu'il avait à peu près oubliée : il vient de rencontrer Aline, dont il est en train de tomber amoureux. Et ressent dans tout son corps que ça n'est pas possible : il n'y a pas de place en lui pour cet amour… Quelques jours plus tard, il rêve qu'on l'attend dans une salle des fêtes. Il pousse la porte. Un bal bat son plein. Au milieu des lumières et de la musique, il voit que la salle est remplie de couples de jumeaux…

Le travail qu'Hugo doit accomplir pour aller mieux, c'est d'accepter d'avoir expulsé sa jumelle pour « prendre toute la place », et de désactiver, dans la mémoire de son corps, le bien-être triomphal de se suffire à lui-même qu'a provoqué cette expulsion. C'est à ce prix qu'il pourra chercher hors de lui une femme avec qui faire couple, et lui accorder une place.

Le jumeau invivable

Parfois, les deux embryons survivent et deviennent de beaux jumeaux, bien vivants, liés par des relations très subtiles, ce qui leur rend la vie souvent assez complexe. Mais il arrive parfois, hélas, que la violence de la lutte pour leur survie *in utero* persiste à la sortie et se développe dans de pénibles résonances.

Christian a trente ans. Il explique qu'il a un frère jumeau, Gilles, avec qui il n'a jamais pu s'entendre. Le travail de Christian en mémoire du corps fait resurgir des événements terribles, qu'il revit avec douleur : un jour, à sept ans, Gilles le bouscule et l'enferme dans leur chambre d'enfants en hurlant : « Je vais te tuer. » Durant nos séances, Christian est assailli d'émotions très vives. Il a peur, se sent traqué, mis en danger. Il explique comment, depuis toujours, il a du mal à rencontrer « les autres », étant persuadé qu'ils lui veulent du mal et que tout cela ne peut que finir par un drame ; comme si chaque personne qu'il rencontre était un autre Gilles.

Un jour, il arrive déterminé dans mon bureau et me demande : « Pourrai-je bientôt naître unique et agir librement ? » Puis il s'écroule, et me confie que lorsqu'ils avaient quinze ans, Gilles s'est procuré une arme, dont il l'a menacé en hurlant une fois encore : « Je vais te tuer ! », avant de retourner l'arme contre lui et de se suicider.

Depuis, Christian se sent coupable. En fait, il se sent coupable depuis toujours. Il porte en lui une lutte à mort avec son frère jumeau, sans doute initiée *in utero*, au premier mois de la grossesse. C'est Gilles qui, depuis toujours, voulait le tuer. Mais c'est Gilles qui, finalement, est mort, laissant à Christian le sentiment de l'avoir tué.

Gilles s'est tué. Mais il a aussi tué Christian, qui était son (autre) je. Le jour où Gilles est mort, les deux sont morts. Et il a fallu à Christian tout ce temps de malheur et de mal-être pour saisir qu'il n'était plus.

Ensemble, nous avons remonté la mémoire de son corps, crispé depuis toujours sur la sensation d'être un de trop et de devoir rejeter l'autre pour survivre à tout prix. Cela lui a permis de ressentir sa propre mort et de la traverser, de l'inverser pour revenir à la vie.

Aujourd'hui, il va mieux.

10

Jeanne, toute une vie sans respirer...

« Je terminais ma vie professionnelle. Elle avait été riche et chaotique. J'avais débuté après la guerre, comme prof de dessin. Et je finissais comme journaliste dans la presse du cœur, après quelques décennies assez mouvementées, qui m'avaient menée des dessins textiles à la direction d'un magazine de mode. Célibataire, sans enfant, j'avais aimé des hommes et aussi le pouvoir, emportée par une vie hyperactive, débordée, toujours sur la brèche. Je courais partout. Sans jamais arriver à rien, ni nulle part, mais sans jamais cesser de courir...

« Je savais bien, au fond de moi, que quelque chose n'allait pas, sans vraiment savoir quoi. Je m'en étais débrouillée, tant bien que mal. Depuis toujours.

« Un jour, une amie m'a entraînée, un peu malgré moi, à une réunion d'information. "Ça devrait t'intéresser", avait-elle insisté. Je me suis assise dans un salon cossu et j'ai écouté une femme raconter sa vie, et comment nos mémoires imprègnent nos existences jusqu'à les empêcher, souvent, de suivre leur cours. Elle parlait de poupées russes qui s'emboîtent et de l'énergie qui nous habite et nous appartient. Je n'ai pas tout compris, mais j'ai senti ce qu'elle disait résonner en moi avec justesse et insistance. À la fin de la conférence, je suis allée la trouver et je me suis entendue lui poser cette question à laquelle je n'avais jamais pensé moi-même : “Est-ce que vous vous moqueriez de moi si je vous disais que je ne sais pas respirer ?”

« C’était ça ! En prononçant ces mots, je comprenais que c’était ça : mon problème à moi, c’est que je manquais d’air. Il m’avait fallu tout ce temps, et croiser cette femme presque sans l’avoir décidé, pour en prendre conscience ! Elle m’a regardée avec un petit sourire et m’a répondu : “Je ne me moque pas du tout. Venez plutôt me voir !”

« Pour la première fois de ma vie, quelqu’un m’entendait. J’avais parlé, pourtant. À ma mère, qui ne m’écoutait pas. À mes hommes, qui ne comprenaient pas – mais comment auraient-ils pu comprendre ce que je ne comprenais pas moi-même ? À des animateurs de thérapies de groupe, si florissantes dans les folles années soixante-dix. J’avais cherché, un peu, puis beaucoup, à comprendre ce qui n’allait pas dans ma vie si trépidante et si réussie. J’avais exploré les livres, les stages, la méditation, la spiritualité, l’ésotérisme, les autres ; sans rien trouver qui m’apaise. Depuis toujours, je souffrais de l’impression désespérante d’être incapable d’être comme tout le monde. Du coup, même tellement entourée, je me sentais isolée, profondément. Et j’avais fini par en prendre mon parti.

« Mois après mois, j’ai été accompagnée dans une lente descente en moi-même. Comment raconter un parcours aussi profond ? Par où commencer ? J’aimerais en faire un récit clair et ordonné, chronologique, qui décrirait de manière lumineuse les nœuds et les dénouements de mon existence. Une sorte de trajectoire de libération. Mais ça n’est pas comme ça !

« J’ai d’abord commencé à porter un regard différent sur mon histoire et, progressivement, j’ai senti, par à-coups, mon corps résonner, dire où il avait mal. J’ai senti, de plus en plus fort, que je manquais d'air. J'étouffais. J'étais réactive, mais pas active. Je vivais, mais dans le fond j'étais morte.

« J'ai compris pourquoi ; mon corps s'est souvenu…

« J'ai été conçue en pleine séparation. Mes parents préparaient leur divorce ; mon arrivée a coupé court à leur projet. À cette époque-là, on ne divorçait pas. Avec un enfant, encore moins… Ma mère a tout fait pour que sa grossesse "passe". Elle a tout fait pour m'étouffer dans l'œuf. Elle n'y est pas arrivée, et ça l'a désespérée. À tel point qu'un soir elle a voulu se jeter dans le canal du haut d'un pont, moi dans son ventre… Elle a renoncé et est restée en vie "pour moi". En vie, mais sans envie.

« J'ai fini par naître à l'hôtel des Voyageurs, que tenait ma grand-mère maternelle. J'y ai passé mes premières semaines. Ma grand-mère avait si peur que mes cris de nourrisson dérangent ses clients qu'elle me fermait le clapet avec une sucette enrobée de miel. Empêchée de donner signe de vie, encore, mais avec un goût sucré, comme pour tromper l'ennemi…

« À l'école, j'ai huit ans, je suis assise au premier rang et je gigote trop, je papillonne. J'exaspère la maîtresse qui fond sur moi sans crier gare, arrache le joli nœud vert qui retient mes cheveux et le punaise sur mon pupitre, comme un papillon mort. Je revois ce trophée et tout mon corps se recroqueville autour du hurlement qui n'a jamais osé sortir de ma gorge de petite fille humiliée publiquement, à qui les adultes clouent le bec, une fois encore.

« Quelques mois plus tard, la honte absolue et tenace de découvrir sous les ricanements de mes "petits camarades" une déclaration d'amour tonitruante, écrite à la craie sur le mur qui borde le chemin de l'école. Et ma cavalcade pour me tirer de là au plus vite, au lieu d'affronter fièrement la vie et ses malices.

« Et puis il y a cette nuit dans la cave-abri, à Noisy-le-Sec, en plein bombardement de la Libération. J'ai quatorze ans. Dehors, on entend tomber les bombes. Autour de moi, les adultes sont terrifiés. Ils gémissent, ils prient, ils pleurent. Je découvre avec effroi que la peur leur fait faire n'importe quoi. Ça me laisse sans voix. Je ne veux pas être comme eux. Je me concentre et je ne sens rien, je ne dis rien, je ne pense rien. Je suis sous ces bombes, mais je ne suis pas là.

« À la fin de l'alerte, pas moyen de sortir : des décombres bloquent la porte. Panique, étouffement… Finalement, on accède à l'escalier qui mène dehors. Là, c'est pire. Il ne reste plus qu'un immense chaos. Le ciel est rouge de l'incendie qui ravage l'immeuble voisin. La nuit est incandescente, irrespirable. Une bombe est tombée dans ma chambre, et mon petit chat a disparu. Mais de quel droit pleurer sa chambre et son chaton au milieu de tous ces morts et de tous ces adultes terrifiés ? Je ne dis rien. Je ne suis pas là. Je ne dis rien. Mais aujourd'hui encore, je me souviens du ciel de guerre, rouge et fou, dans lequel mon enfance est partie en fumée…

« Nous avons trouvé refuge dans un grand appartement qu'un ami de mon père avait préparé pour accueillir sa femme et leur premier bébé. L'accouchement s'est mal passé, ils sont morts tous les deux. Nous avions tout perdu, nous nous sommes installés dans cet étrange endroit prévu pour d'autres vivants qui n'avaient pas survécu. Nous y sommes restés plusieurs années.

« Une fois la guerre terminée, il m'est arrivé, plusieurs fois, de descendre dans le métro simplement pour retrouver une cave-abri et un sentiment de sécurité. Comme si seul le ventre de la terre pouvait me rassurer. Je regardais les gens rire et je me demandais pourquoi je n'étais pas comme eux.

« Plus tard, j'ai rencontré Paul. Il revenait de la guerre. D'Indochine, cette fois, mais ça change quoi ? Paul avait été rapatrié plus tôt, malade et récompensé pour sa bravoure : il avait tué un homme dans un corps à corps au couteau. Malade de quoi et libéré de quoi ? On se battait partout, tous les hommes revenaient d'une guerre… Nous nous sommes fiancés. On a visité des appartements. Il s'emballait. Et ma peur aussi. Quand il a peint le salon en rouge sang, rouge ciel-en-feu, j'ai eu l'impression insupportable qu'il m'installait dans sa blessure. Je ne voulais pas me lier à cet homme cassé, violenté par sa guerre. J'étouffais… Je ne voulais pas de lui, ni de personne. Je n'étais même pas sûre de vouloir de moi. Quand j'ai dit non à Paul, il a tenté de se suicider. Je ne l'ai plus jamais revu.

« J'ai eu des amoureux. Je gagnais bien ma vie, j'avais un grand appartement dans lequel je menais une existence indépendante et libre ; à cette époque, toutes les femmes ne pouvaient pas en dire autant. J'étais curieuse, rieuse, passionnée. J'ai voyagé, découvert le monde et ses merveilles. J'ai rencontré Picasso, un matin dans un musée. Et Dali, un soir, dans un ascenseur.

« Mais j'ai surtout rencontré Jo, que j'ai aimé infiniment parce que je ne pouvais pas l'attraper. Et puis Kamal, un millionnaire apatride et ruiné, qui m'a emmenée en Amérique. Nous étions tellement étrangers l'un à l'autre que ça m'a fascinée. Quand j'ai compris que j'avais son enfant dans mon ventre, tout a hurlé « non » à l'intérieur de moi. Je n'étais pas vivante, comment donner la vie ? J'étais étrangère à moi-même, et j'avais l'impression d'avoir un corps étranger dans mon corps. J'ai tout fait pour ne pas avoir l'enfant.

« Je n'ai pas eu l'enfant.

« J'ai continué mon existence, sans un moment de libre. Je ne pensais pas, je ne choisissais pas : je me laissais happer par un tourbillon. Un très beau tourbillon, luxueux et scintillant. Je ne sentais rien. Je n'entendais rien. Mes collaboratrices avaient bien compris la consigne : pas question de me parler d'elles ou de quoi que ce soit de personnel. J'étais une personne respectée et puissante, mais je n'étais personne. J'avais une belle vie, parfaitement vide et désaffectée : plus d'hommes, plus d'amis…

« J'en étais là quand j'ai rencontré la mémoire du corps. J'en étais là, mais je ne le savais pas.

« Je suis tellement différente de ce que j'étais à ce moment-là que je ne me souviens plus très bien comment ça s'est passé. Je me souviens d'avoir découvert, pan par pan, les grandes étapes de ma vie, et qu'elles ont pris un sens petit à petit. Et je me souviens que mon corps m'a aidée à trouver ce sens.

« Je me souviens, aussi, d'avoir "rencontré" mes ancêtres sur ce chemin-là. La mère de ma mère, mariée par convenance à l'amoureux de sa petite sœur, qu'elle épouse docilement et sans rien dire : à l'époque, pas question qu'une sœur cadette convole avant son aînée… Cette grand-mère-là, qui me clouait le bec avec du miel pour ne pas déranger ses hôtes, fut heureuse que je sois une fille en souvenir de sa première petite, morte en bas âge. Contrairement à ma grand-mère paternelle, qui me voulait garçon pour remplacer le sien, mort à la guerre… J'ai senti mon corps me restituer, l'un après l'autre, ces drames et ces contradictions dont on m'avait chargée avant même que j'existe. J'ai retrouvé aussi, dans mes peurs irrespirables, celle de mon arrière-grand-mère paternelle, qui passa sa vie à cacher le nom du véritable géniteur de son fils, mon grand-père. Lequel a noyé dans l'absinthe sa honte tue et son désespoir de n'être pas reconnu.

« J'ai été longue à comprendre.

« Il y a eu ce jour où je me suis sentie perdue comme une enfant. Comme un bébé dont on ne veut pas, un nourrisson à qui on ferme le bec, une petite fille qu'on cloue au pilori, une adolescente pétrifiée par la peur des adultes et engloutie par sa propre peur. J'étais allongée sur la table de soin et je me suis sentie partir. Partir loin de tout ça, m'absenter. J'étais vide, plus rien ne circulait en moi. Et, au milieu de mon plexus, une masse empêchait tout mouvement.

« L'un après l'autre, mon organisme a restitué tous les moments clés où on lui avait ordonné de ne donner aucun signe de vie, et les souffrances qui se sont ensuivies. J'ai senti combien elles sont liées, profondément, à l'histoire de ma famille, de ma conception, de mon enfance, et comment elles ont résonné, régulièrement, tout au long de mon existence. Je les ai vues se répéter et rouler, année après année, comme un petit caillou de mémoires qui se charge d'alluvions, de scories, jusqu'à devenir une énorme caillasse qui leste tout avec pesanteur. J'ai compris que rien n'était ni gratuit ni fatal. J'ai vu que tout se tenait, que chaque événement de ma vie était lié aux répétitions de cette mémoire qui a fait vibrer toute mon existence. Et tout a enfin pris sens ! Petit à petit, j'ai pris conscience de ma vie et de qui je suis.

« La peur d'être jetée à l'eau comme ma mère a voulu me/nous jeter dans le canal ; la panique rouge feu de ne pas respirer ; l'impression si douloureuse d'être isolée au milieu des autres ; le désir de fuir en m'enfouissant sous terre pour être hors de danger… Je ne sais ni vraiment quand ni vraiment comment, mais je sais que toutes ces blessures qui résonnaient si violemment en moi ont fini par se retourner, se transformer, cesser de cogner et de m'étouffer. Comment expliquer cette chose si profonde, si intime, si charnelle ? Ma tête a travaillé, mes émotions ont explosé, mais c'est mon corps qui a éprouvé et fait le chemin. C'est dans ma chair, sur la table de travail, que j'ai traversé toutes ces strates pour retrouver mes blessures originelles et les panser enfin.

« J'ai traversé…

« Aujourd'hui, j'ai soixante-dix ans passés. J'ai dû sortir de la mort dans laquelle les circonstances de ma naissance m'avaient plongée, et ça m'a pris toute une vie. Mais ça m'a transformée ! Désormais, il y a une chose dont je suis certaine : quand je suis née, j'étais morte, mais je mourrai vivante.

Ce qui libère

« Est-ce que tu veux vivre et guérir ? » Quand mon maître tibétain m'a posé cette question, la première fois que nous nous sommes rencontrés, elle aurait pu me sembler absurde. Qui répondrait non à une telle interrogation ? Évidemment que nous voulons tous vivre et guérir…

Évidemment ? Pas si sûr. Cette question, il me l'a reposée tous les matins, pendant cinq ans. Et, je l'ai dit, il m'est arrivé d'y répondre « non », sans être ni suicidaire ni désespérée. « Non », parce que c'est trop dur. « Non », parce que je sentais mon corps tout entier résister à l'élan auquel il m'invitait. « Non », parce que je ne voulais plus avoir mal, bien sûr, mais sans que ça m'oblige à aller fouiller dans les strates douloureuses de ma mémoire, à bouleverser l'équilibre, si précaire fût-il, que j'avais mis une vie à construire pour me protéger de mes démons, et à changer mon regard sur moi-même, les gens, les choses, et le monde entier. « Non », parce que c'était long. Décourageant.

Ma chance, c'est que, finalement, je n'avais pas le choix : ma fille avait à peine dix ans, et il ne me restait que quelques mois, quelques semaines pour l'abandonner, rendre les armes et me laisser foudroyer définitivement par le mal qui m'avait conduite aux urgences et qui avait tué avant moi ma mère et ma grand-mère.

Moi, j'étais mourante, mais la plupart des gens qui viennent à moi ne le sont pas. Ils sont souffrants. Gravement souffrants, pour certains d'eux, mais encore capables de vivre, même perclus de douleurs, déployant endurance et capacité d'adaptation pour continuer d'avancer dans leur chaos. Un peu comme ces femmes battues qui trouvent, pendant des années, des raisons et le moyen de rester auprès du compagnon qui les martyrise. Ou ces myopes qui s'ignorent et plissent de plus en plus les yeux pour y voir quelque chose, sans se rendre compte qu'ils y voient de moins en moins.

Il faut à certains des années pour prendre conscience de leur mal, comment et où il s'enracine, ce qu'il implique, la manière dont il imprègne leur existence et tout ce qui les conditionne. Il leur faut s'efforcer de ressentir autrement, décider de ne plus subir ; se mettre en route. Voir que tous les outils de survie qui leur ont sans doute sauvé la vie sont désormais des chaînes qui les entravent. Et croire, vouloir, sentir qu'il leur est possible de s'en libérer pour, enfin, aller mieux.

S'engager dans un travail sur la mémoire du corps, c'est s'engager sur un chemin de conscience, en se voyant étant, pensant et agissant – tout ce qui différencie, finalement, l'homme de l'animal ; en laissant le corps s'exprimer avec cette intelligence humaine. C'est en faisant le lien, les liens, entre les différents événements de notre vie et notre ressenti, en acceptant de voir les choses telles qu'elles sont, que la souffrance se transforme et libère les nœuds qui empêchaient l'énergie de circuler. Ce n'est ni un miracle ni une magie, c'est un travail par et dans le corps qui va chercher dans notre propre chair, aussi loin qu'il est nécessaire, ce qui nous empêche de vivre pleinement.

11

UNE VIE DANS UN BOCAL

La meilleure manière de comprendre en quoi consiste le processus de descente dans le corps, au cœur du travail de mémoire du corps, c'est d'imaginer un bocal. Un bocal rempli à ras bord de couches successives, comme ces pots où l'on range les fruits, saison après saison, pour qu'ils marinent dans l'eau-de-vie. Chacun de nous serait comme un bocal, où s'étageraient les différentes strates de sa vie. Et si les événements sont différents pour les uns et les autres, parce que chaque histoire est singulière, les saisons sont les mêmes pour tous : on retrouve dans chaque « bocal » la même organisation, en quatre étages bien distincts.

Travailler sur la mémoire du corps, c'est traverser ces quatre couches l'une après l'autre, pour pouvoir atteindre, au fond du « bocal », la blessure initiale.

LA COUCHE INTELLECTUELLE

C'est celle du dessus ; celle qui réfléchit, qui analyse, qui argumente, qui veut savoir et comprendre. Elle est constituée de nos croyances religieuses et familiales, de notre culture, de tout ce que nous avons appris, intégré, expliqué, compris… C'est la zone tampon entre notre être et la réalité, une sorte de filtre qui nous permet de penser et de réfléchir notre vie. L'intellect est un outil formidable. Grâce à lui, les hommes comprennent le monde, s'y adaptent, le réinventent. Ils osent imaginer des projets ambitieux, échafauder un avenir meilleur, s'engager à long terme dans des aventures dont ils ne peuvent même pas percevoir l'issue. C'est aussi grâce à l'intellect que nous avons survécu, depuis des millénaires, à l'univers hostile dans lequel nous évoluons.

Et c'est là que résident notre force et notre faiblesse : notre capacité à apprendre, à réfléchir et à analyser nous protège des dangers. Mais elle peut aussi nous protéger durablement des progrès. Parce que le cerveau garde en mémoire les situations blessantes, dangereuses, douloureuses, et qu'il envoie des signaux d'alerte très puissants dès qu'une telle situation – ou quelque chose qui pourrait lui ressembler – se présente à nouveau. Parce que nous *pensons savoir* ce qui est bon pour nous, pour l'avoir appris et expérimenté. Et que souvent, nous nous arrêtons à cette première couche du bocal, maîtrisée, organisée, argumentée…

Quand je demande à Olivia comment elle se sent, elle me répond : « Je pense que je vais beaucoup mieux ! » Elle a le besoin, ou le réflexe, de faire passer sa sensation par son intellect pour pouvoir répondre à cette question si simple ! Et Benoît, à qui je demande : « Quel est ton désir ? », répond : « Je crois que je voudrais changer. » C'est la même trajectoire : le passage obligé de toutes les sensations, les émotions, les perceptions, par le filtre de l'intellect. Pourquoi Olivia ne se contente-t-elle pas de sentir qu'elle va mieux ? Et Benoît de vouloir changer ?

Dans le travail de mémoire du corps, la couche de l'intellect, même si elle est épaisse, se laisse traverser assez facilement. C'est sa fonction : être une sorte de marmite sans couvercle où circulent et bouillonnent les idées, les principes, les certitudes, les règles… Sa principale caractéristique, c'est d'être un passage obligé auquel on revient sans cesse, comme à un réflexe de survie et de protection. Rester fixé, blotti, accroché à cette couche finalement si rassurante parce que si familière empêche de descendre plus profondément en soi. C'est le principal écueil de toutes les thérapies par la parole et l'analyse. Elles nous cantonnent au sommet du « bocal », et nous pouvons y barboter des années et des années, en transformant profondément notre esprit, mais sans donner la possibilité au reste de notre être de se libérer de ses mémoires douloureuses.

Attention, je ne suis pas en train de dire que pour aller mieux, il faut arrêter de réfléchir et devenir bête ! Quoique… Cesser d'analyser et accepter de découvrir l'intelligence de son propre corps, l'entendre, l'écouter et s'en remettre à elle est une expérience extrêmement bénéfique. Je crois qu'il faut utiliser les capacités de l'intellect pour relire son histoire personnelle avec un tout autre regard. Mais il faut aussi accepter de traverser cet intellect pour atteindre d'autres niveaux de conscience, où ce n'est plus lui qui dirige.

La couche émotionnelle

C'est la couche en dessous de l'intellect : celle qui réagit, qui bouillonne, qui tempête, qui sanglote, qui exulte… On s'y englue aisément, et parfois pour de longues années ! Tout le monde connaît le va-et-vient incessant, et parfois épuisant, entre l'intellect et l'émotionnel ; l'alternance de ces moments où la pensée prend le dessus et empêche les larmes, le rire, la peur, l'angoisse, la colère, de monter à la surface et de tout submerger, et de ceux où l'intellect lâche prise et laisse la vague émotionnelle sauter par-dessus les digues…

Beaucoup d'entre nous passent leur vie à naviguer comme ils peuvent de l'une à l'autre de ces deux premières couches du « bocal ». Certains se bagarrent pour ne pas se noyer dans l'émotionnel, quand d'autres luttent pour y avoir enfin accès.

Dans notre société, ces dernières décennies, nous avons découvert et beaucoup exploré cette couche émotionnelle, après l'avoir longtemps ignorée et bâillonnée. La télévision en fait ses choux gras : pas une semaine sans qu'elle donne en spectacle des personnes bouleversées qui pensent se libérer d'un mal profond en donnant libre cours à leur torrent émotionnel, qui plus est en public. D'ailleurs, désormais, un grand nombre de thérapies « parallèles » utilisent cette partie-là du « bocal » et les tempêtes qu'y produit régulièrement le conflit avec l'intellect. Ça épuise, ça transporte, ça lessive, ça donne l'impression d'un profond changement, mais, dans le fond, ça ressemble à une sorte de « guérilla dans le désert » : un grand chambardement pour rien… Le tourbillon émotionnel ébranle et met sens dessus dessous, mais lorsqu'il est passé, que reste-t-il ? Au mieux, pas grand-chose ; au pire, des ruines…

La grande difficulté, c'est de parvenir à faire la différence entre l'émotion et l'émotionnel. L'émotion est une empreinte profonde, qui s'inscrit dans le corps. Dans le « bocal », elle est située bien plus bas, au fond de la dernière couche, enfermée comme un trésor, un moteur vital. Elle est le fruit d'un grand bonheur ou d'une grande souffrance. La ressentir, c'est être en soi, tandis que l'émotionnel, lui, met hors de soi. Il me semble que nous nous perdons dans notre émotionnel lorsque nous faisons passer nos émotions profondes par notre intellect plutôt que par notre corps.

Je sais que tout cela peut sembler un peu compliqué à qui n'a jamais ressenti dans sa propre chair ce dont je parle. Ces choses-là peuvent même passer pour une vue de l'esprit tant elles ont l'air impalpables. Mais elles ne le sont pas ! Bien au contraire, l'émotion profonde s'inscrit dans la chair, dans le corps, dans la matière. Entrer en contact avec elle est une expérience parfaitement tangible.

La couche sensorielle

Sous la couche intellectuelle et la couche émotionnelle, la couche sensorielle. Là où l'on frissonne, grelotte, tremble, où l'on a chaud, froid, mal au cœur, on bâille, on tombe de sommeil… Les sensations approchent de ce que dit le corps, c'est pourquoi traverser cette couche-là est éprouvant physiquement. Le premier réflexe est toujours d'y résister : trouver un moyen rapide de se réchauffer quand le froid saisit ; respirer si l'on étouffe ; se réveiller si l'on s'endort ; se rassurer si l'on a peur, se soulager si l'on a mal, se consoler si l'on sanglote, etc. Ce sont des réflexes de survie, qui permettent de retrouver dès que possible un confort relatif, même si, au bout du compte, ils empêchent de s'approcher de la mémoire profonde enfouie dans notre corps et d'entrer, enfin, en contact avec elle.

De la même manière qu'il faut se garder de confondre émotion et émotionnel, on peut avoir l'impression, en touchant la couche sensorielle, d'accéder enfin au physique. C'est encore une illusion ! La couche physique, au creux de laquelle est engrammée la mémoire du corps, se trouve encore plus profond dans le « bocal ». Et il faut, pour y accéder, franchir la couche sensorielle et continuer de creuser.

Traverser les trois premières couches est une aventure qui demande d'être accompagné. C'est notre travail à nous, praticiens en mémoire du corps, de guider nos consultants étape par étape. Souvent, avant de commencer, ils se demandent quelle forme concrète prend cet accompagnement. C'est très simple et très variable : nous sommes là, avec eux, attentifs et vigilants. Nous écoutons ce qu'ils n'entendent pas toujours, et les aidons à en prendre conscience. Nous les guidons vers le « fond » de leur « bocal ». S'ils ont besoin de s'allonger, ils s'allongent. S'ils préfèrent rester assis, ils s'assoient. S'ils ont besoin de bouger, de crier, de pleurer, ils bougent, crient, pleurent. Et quand la traversée est trop difficile, nous cherchons avec eux comment les soulager pour qu'ils puissent continuer : massages, relaxation, respiration et tout ce qui peut aider, concrètement, à faciliter ou rendre moins pénible leur « plongée »…

C'est généralement à ce stade que s'arrêtent toutes les autres thérapies : au mieux, elles permettent de descendre au fond de la couche sensorielle, avant de remonter vers la couche de l'intellect pour analyser, en créant au passage des remous plus ou moins forts dans la couche émotionnelle. Et c'est là que les praticiens de mémoire du corps prennent un tout autre chemin : au lieu d'aider à remonter pour analyser, nous encourageons à descendre encore, pour contacter les nœuds des émotions profondes, qui épuisent et empêchent de vivre.

Le mur

Le « forage » des trois premières couches, intellectuelle, émotionnelle et sensorielle, prend un temps qui varie d'une personne à l'autre, et peut mettre celui qui s'y aventure dans de drôles d'états. Et pour cause : il s'agit, ni plus ni moins, de traverser l'un après l'autre tous les systèmes de défense qui nous constituent et nous « protègent ».

« Forer », c'est déblayer toutes les couches sous lesquelles la mémoire initiale est enfouie, en provoquant, dans chacune d'elles, un réflexe de résistance qui prend souvent la forme d'un violent séisme. Il est donc normal et logique que ces tentatives de traversée se heurtent à un mur d'oppositions, une sorte de refus d'aller au-delà de ce qui nous bouleverse, intellectuellement, émotionnellement et dans tous nos sens.

Pour m'y être douloureusement cognée moi-même et pour avoir accompagné jusque-là de nombreuses personnes, je sais qu'il n'y a, au bout du compte, qu'un moyen de franchir ce mur de refus massif et puissant. C'est d'accepter de ne pas y arriver. De baisser les armes et de se rendre compte qu'on est impuissant à se protéger des douleurs, des peurs et des chagrins dont on est miné. Et, finalement, de se « laisser prendre » par eux pour y plonger jusqu'au bout, même si ça fait mal, peur, et même si ça donne l'impression qu'on va être englouti par la tristesse et le chagrin.

Il s'agit, tout simplement – mais comme c'est difficile ! – de baisser la garde, les gardes, pour prendre le risque de se retrouver au cœur de soi-même, face à ses blessures et à l'impact initial.

Plus que le danger, il faut affronter la sensation intellectuelle, émotionnelle et sensorielle du danger. Tous les signaux d'alerte, jusqu'aux plus subtils, émettent « n'y va pas », et il faut tout de même « y aller ». On pourrait penser que ça demande beaucoup de force et un grand courage, alors que c'est justement tout le contraire : le plus souvent, c'est une fois qu'on a épuisé la force et le courage, et qu'il n'est plus question d'affronter, qu'on peut enfin accepter.

La couche physique

La dernière couche du « bocal », celle du fond, est la couche physique. Traverser « le mur » et s'y aventurer, c'est accepter de prendre le risque d'écouter enfin vraiment son propre corps restituer ce qu'il a gardé en mémoire, aussi douloureux que ce soit. Je l'ai dit : on ne peut y accéder que nu et sans armes. C'est la raison pour laquelle cela est extrêmement éprouvant. Le corps s'exprime, le plus souvent, avec violence, et nous n'avons plus à ce stade ni raisonnement, ni émotions, ni sensations superficielles dans lesquels nous emmailloter pour affronter une réalité physique plus que douloureuse. Nous voilà aussi nus que le fœtus atteint de plein fouet par le déni de sa mère alors qu'il est niché dans son ventre ; aussi brutalisé qu'un bébé dans la violence de sa naissance ; aussi désarmé que l'enfant qui subit une situation qu'il ne comprend pas…

Comment expliquer avec des mots ce qui, justement, doit enfin se passer de mots ? C'est toute la gageure de ce livre ! Il me semble que le meilleur moyen de faire comprendre à quelqu'un qui n'en a pas fait l'expérience la différence entre la couche sensorielle et la couche physique, c'est de lui suggérer d'essayer de ressentir la différence entre *sentir* une partie de son corps et *être dans* son corps. Par exemple, qui n'a jamais, après une longue marche ou une longue station debout, constaté : « Je ne sens plus mes jambes » ? L'usage qu'on fait des mots est parfois bizarre ! Souvent, dire « Je ne sens plus mes jambes », c'est justement vouloir faire remarquer qu'on les sent avec acuité, parce qu'elles sont fourbues, douloureuses, lourdes. Mais quand quelqu'un, lors d'un travail en mémoire du corps, parvient à traverser son « mur » pour entrer en contact avec son physique profond, il ne *sent* pas ses jambes, il *est* ses jambes, au point de ne plus pouvoir avancer si elles portent, en mémoire, un traumatisme initial.

Je ne vais pas raconter d'histoires. Atteindre sa couche physique profonde est douloureux, parce qu'affronter sa blessure originelle nu et sans armes est douloureux. Mais mon travail, et celui de tous les praticiens qui travaillent dans le même esprit que moi, est d'accompagner très attentivement les personnes qui s'engagent dans cette quête, de manière à ce que ces moments particuliers, si pénibles, soient sans danger et, finalement, libérateurs. Parce que tout au fond, au cœur du corps qui souffre et se débat, se trouvent les empreintes de ce qui fait souffrir. Et, donc, le passage pour en sortir.

La « boîte noire » et le passage

Expliquer ce qui se passe une fois franchie la couche physique est très délicat ; le raconter aussi. L'image que j'emploie est assez simple, pourtant : au fond du « bocal » se trouve comme une « boîte noire », qui contient l'engramme de la blessure initiale. Entrer en contact avec cette « boîte noire », découvrir ce qu'elle contient en sentant tout son corps le restituer, permet à chacun de s'approprier enfin ce qui le fait souffrir et d'impulser un contre-mouvement pour s'en libérer. Comme si on vidait la boîte et qu'on la nettoyait de ses scories pour qu'elle cesse de résonner douloureusement. Comme si le corps pouvait enfin lâcher la mémoire de cette blessure et la laisser se diluer.

Ce contre-mouvement provoque un immense soulagement dans l'être tout entier, qui peut enfin s'échapper pour accéder à un « ailleurs », un univers où la conscience et la liberté transforment son existence.

Je sais que ce ne sont que des images, qui peuvent paraître un peu farfelues. Mais je n'ai pas trouvé mieux pour donner une idée du parcours accompli quand on travaille sur la mémoire du corps. Parce qu'un livre parle à l'intellect et parfois à l'émotionnel, mais que la seule manière de « savoir » ce qu'est le mental physique, c'est de s'engager dans ce parcours pour le sentir…

Par quel moyen entre-t-on en contact avec sa « boîte noire » enfouie au fond de son « bocal » ? Et qu'est-ce qui fait que la mémoire contenue si profondément dans notre corps cesse, à un moment, de faire souffrir, pour simplement devenir une partie de nous qui ne nous empêche plus de vivre notre propre vie ? Quelles sensations cela produit-il ? Comment se frayer ce fameux passage, qui donne accès à la libération ? Chacun trouvera ses propres réponses. Moi, je ne fais qu'accompagner chacune des personnes qui viennent me voir jusqu'à ce qu'elle devienne son propre outil de libération. Pourquoi ? Je ne sais pas. Comment ? Comme mon maître tibétain m'a appris à le faire, en ajoutant année après année tout ce que m'a apporté la pratique quotidienne du travail sur la mémoire du corps. Du mieux que je peux.

12

Quatre étapes vers la liberté

Le moteur, dans le travail en mémoire du corps, c'est la faculté de se voir étant. Connaître tous les éléments que j'ai décrits ne sert à rien si l'on n'est pas capable de les relier entre eux pour en trouver le sens et considérer sa vie, son histoire, avec un autre regard. Il m'a fallu parcourir ce « chemin de conscience » que j'ai emprunté, une fois vivante, accompagné par mon maître, en quittant l'hôpital, pour achever ma transformation. C'est ainsi que j'ai appris comment, peu à peu, en cheminant à travers nos propres mémoires, nous pouvons nous réapproprier notre existence, pour y construire notre liberté. Ce cheminement s'effectue en quatre temps : voir, accepter, désactiver et transformer…

S'informer et voir

La première grande aventure du travail en mémoire du corps, c'est d'ouvrir les yeux. De voir enfin les informations dont on dispose, et chercher celles qui manquent. C'est l'étape de constitution de la grille de vie, de la chronologie de son existence. Nul n'y échappe : on finit toujours par tomber des nues en découvrant, tout d'un coup, l'importance insoupçonnée de certains événements.

Frédéric se débat depuis bientôt un an dans un dilemme amoureux. Il n'arrive pas à choisir clairement entre deux femmes qui comptent beaucoup pour lui, chacune à sa manière. Il reste paralysé par la peur de perdre et l'une et l'autre. Alors que la situation se dégrade de jour en jour, l'enjeu lui semble toujours aussi insurmontable. Mais Frédéric hésite à demander de l'aide, il temporise. Il pense détenir les principales clés de sa situation et conserve un souvenir décevant des précédentes rencontres avec d'autres thérapeutes. Il finit pourtant par se décider à appeler un praticien de mémoire du corps dont on lui a parlé.

Sur les conseils du praticien, il profite des quinze jours qui le séparent de leur premier rendez-vous pour prendre contact avec sa mère ainsi qu'avec une tante paternelle, afin de constituer une ébauche de leur histoire familiale. Et il prend conscience de deux choses très importantes pour lui : d'abord, la branche paternelle de sa famille a connu de nombreux drames, qui ont causé de graves dépressions chez un certain nombre de ses membres, ce que Frédéric savait sans en avoir pleinement conscience. Ensuite, Frédéric est dans la même période de vie que son père lorsque ce dernier a vu sa femme le quitter, séparation déchirante dont il ne s'est jamais vraiment remis, même près de trente années plus tard… Frédéric connaissait ces informations, mais n'avait jamais fait le lien entre elles et son parcours à lui. Avant même son premier rendez-vous, il a commencé le travail qui consiste à poser un regard conscient sur son histoire, pour qu'elle fasse sens.

Voir prend du temps ! Surtout lorsqu'il s'agit d'ouvrir les yeux sur sa propre histoire et de regarder toute son existence autrement… Certaines personnes arrivent chez moi avec ce nouveau regard ; c'est même ce qui les pousse jusqu'à mon cabinet. D'autres ont besoin d'un cheminement plus ou moins long pour commencer à faire le lien entre les différents événements de leur vie. Peu importe. Il faut laisser au temps le temps de faire son travail.

Lorsqu'elles arrivent au consultant, les informations entrent en résonance les unes avec les autres. Concrètement, cela signifie que le patient se trouve dans une situation nouvelle, et la plupart du temps assez troublante pour lui. Petit à petit, il va reconsidérer l'ensemble de son existence en établissant les liens entre les différents événements qui la constituent. Il voit apparaître de façon de plus en plus claire toutes ses blessures, et tous les outils de survie autour desquels il a organisé sa vie : les schémas répétitifs, les comportements aberrants, les mortelles habitudes, tous ses conditionnements...

C'est une période où l'on sort de ses illusions ; où l'on arrête de se raconter des histoires, ces histoires qui ont permis, jusqu'alors, de ne pas affronter la réalité qui blesse. La période où Muriel découvre que oui, son père est parti et les a abandonnés, comme sa mère l'a répété durant toute son enfance, mais que sa mère, elle, a trahi son mari en faisant un enfant malgré lui, et l'a volontairement empêché de rester en contact avec sa famille. La période où Frédéric comprend qu'il transporte avec lui le poids des dépressions et des drames familiaux, et la peur d'être aussi malheureux que son père. Où Maria se réapproprie toute l'histoire du peuple juif et prend conscience qu'elle en fait partie.

Naturellement, les informations qui parviennent enfin à la conscience entrent aussi en résonance avec ce que le corps a engrammé dans sa mémoire. J'ai vu, souvent, des douleurs s'accentuer durant cette première phase d'information : de vieilles cicatrices se remettent à démanger ou à suinter, des migraines se déchaînent, des dos se bloquent, des peaux brûlent, des boutons font irruption, des systèmes digestifs se rebellent, des respirations s'essoufflent... Ce sont aussi des informations, que le corps restitue et qu'il faut écouter pour, finalement, trouver le « fil d'Ariane » qui permettra de descendre, étape après étape, là où il faut aller, au plus profond du corps.

Pour Frédéric, il s'agit, dans ce premier temps, de continuer de subir ses mémoires, mais en les écoutant résonner, et surtout en *voyant* que ce sont elles qui influent sur son incapacité à choisir entre deux femmes.

Petit à petit, au fur et à mesure que les informations lui arrivent et l'éclairent sur la teneur de son histoire, la personne engagée dans cette première phase commence à voir de quelle manière ses mémoires, personnelles et familiales, agissent dans sa vie quotidienne. Et à découvrir à quel point elles influent sur ses comportements, même les plus anodins.

Se désinformer et accepter

Une fois les informations glanées, encore faut-il les « entériner » et savoir qu'en faire. Après la phase de prise de conscience, il est temps de s'engager plus avant, d'entamer la deuxième étape, qui est une sorte de désactivation de ces informations. L'objectif est non seulement de voir et de sentir, mais aussi d'*accepter* le fait que ce sont bel et bien les liens mis en évidence semaine après semaine qui nous engluent dans des schémas répétitifs nourris de nos désirs insensés, de nos angoisses insurmontables, de nos rancœurs et de nos peurs.

Frédéric voudrait que ce qu'il est en train de vivre n'ait rien à voir avec l'histoire de son père. Il voudrait être un homme qui ne subit pas les catastrophes passées de la famille dont il est issu, que « tout ça ne le regarde plus ». Il voudrait, mais pour le moment, il ne peut pas. Et tant qu'il refusera cet état de fait au lieu de l'accepter profondément, il continuera de souffrir et de faire souffrir les deux femmes qu'il aime.

Le seul moyen de traverser ces périodes très éprouvantes, c'est d'accepter les peurs, les douleurs, les blessures, tout ce qui fait surface. Le premier réflexe est souvent de s'y opposer. De refuser la colère qui monte contre un parent, parce qu'elle est encombrante ; de se rendre sourd à l'inquiétude qui apparaît lorsqu'il est question d'un enfant, parce qu'elle est gênante ; d'ignorer avec obstination la toxicité de ce qui nous lie à notre conjoint parce qu'elle remettrait toute notre vie en question. Pour Frédéric, il s'agit d'accepter le fait que, malgré ses trente ans révolus, il souffre encore du jour où son père est parti pour ne jamais revenir. C'est si simple à écrire, mais si long et pénible à mettre en œuvre…

C'est pourtant à ce prix qu'on gagne enfin la liberté de couper les liens qui nous entravent, et dont on a accepté la réalité tangible, pour pouvoir en faire le deuil. Dans notre jargon, nous appelons cela la « désinformation ». C'est un travail éprouvant mais aussi libérateur. Un peu comme quand on s'attaque au grand ménage d'une maison : au début, tout est sens dessus dessous, et la maison finit par se trouver dans un état de chaos. On vide les placards, on fait des piles à trier, on a l'impression qu'il y en a partout. C'est décourageant, et même, parfois, ça semble insurmontable ! Et puis, petit à petit, on remplit des sacs qu'on va porter à la décharge, on se déleste de choses inutiles qu'on gardait sans savoir pourquoi, on brûle des photos et des vieux papiers après les avoir relus une dernière fois, on retrouve des choses auxquelles on tenait, mais qu'on avait oubliées… Et, à un moment, on commence à y « voir plus clair ». Une pièce après l'autre, on se réapproprie la maison ; sa maison.

C'est une image symbolique, mais ce n'est pas anodin : durant la phase de « désinformation », on utilise beaucoup les symboles. Tout simplement parce que l'on s'éloigne de l'intellect, qui donne les mots concrets de la réalité, pour s'enfoncer plus avant vers la mémoire du corps. Si l'on accompagne correctement la personne engagée dans cette phase, on s'aperçoit que, peu à peu, des images et des mots surgissent du fond d'elle-même. Comme si le corps restituait ce qu'il gardait en mémoire jusqu'alors. Comme si, peu à peu, l'inconscient commençait à remonter à la surface.

C'est la période des rêves, des images symboliques qui traversent l'esprit, des souvenirs enfouis qui réapparaissent brusquement, des lapsus, des actes manqués qui finalement ne le sont pas du tout. Tout « travaille » à l'intérieur. On se sent perdu, remué, brassé, et même parfois épuisé. L'entourage réagit forcément à ces changements d'humeur et de regard. La vie change, sans qu'on sache très bien vers quoi on va.

Caroline, qui commence un travail avec moi, a la nausée, durant des semaines. Elle répète sans cesse : « Je ne sais pas pourquoi j'ai si mal au cœur », sans se rendre compte que son corps est en train de lui dire que son cœur est blessé par quelque chose de sa vie enfoui dans sa mémoire. Il lui faudra plusieurs mois pour entendre vraiment le message envoyé.

Caroline n'a pas seulement mal au cœur. Elle est stressée, perdue, fatiguée par le chaos dans lequel elle se retrouve. Certains de ses repères immuables sont ébranlés, fissurés, voire balayés par le nouvel éclairage que la phase d'information a projeté sur sa vie. Parfois, elle a envie de « tout laisser tomber », et de « reprendre [sa] vie d'avant ». Mais elle ne peut plus vraiment faire machine arrière : une fois qu'on sait, on ne peut pas faire comme si on ne savait pas…

Caroline a envie d'avancer, mais elle est découragée par les « dégâts » que son travail en mémoire du corps produit dans sa vie. Elle sait qu'elle est sur la bonne route, mais quelque chose en elle se demande si tout ça n'est pas une jolie histoire magique sans fondements dans laquelle elle aurait mieux fait de ne pas s'engager. Ça la met en colère, ça la rend triste, gaie, elle ne sait plus très bien où elle en est.

Caroline se heurte à un mur. Ses défenses résistent. Elle a peur, une peur archaïque, d'être « dispersée, disloquée », dit-elle. Une partie d'elle veut aller plus loin, quand l'autre s'y refuse obstinément…

Et puis, à un moment, les résistances lâchent prise et le corps dit la blessure initiale. C'est comme si on refaisait tout le chemin à l'envers : on retrouve l'événement réel, palpable, physique, qui a provoqué une sensation douloureuse, puis une émotion violente, au point que l'intellect a dû créer tout un système de défense pour gérer la douleur.

Caroline n'arrive jamais à se séparer de quoi que ce soit ni de qui que ce soit. Sur ma table de travail, son corps exprime enfin ce qui l'emprisonne depuis si longtemps : « Je sens mes mains. Je suis dans mes mains. Je sens que ma main tient la main de mon père qui est mort. Je n'arrive pas à lâcher sa main. Ça me paralyse, je ne peux plus bouger aucun de mes doigts. Je ne peux plus bouger… »

Au lieu de fuir au plus vite cette sensation de paralysie, Caroline accepte de la ressentir et d'éprouver dans chacun de ses doigts, dans sa paume, dans son poignet, que rien en elle ne veut lâcher la main de son père. Elle sent combien tout est figé, et la douleur pétrifiée que ça provoque en elle. Elle « plonge » dans cette douleur, en étant consciente de tout ce qui s'y joue. Et, au moment qui est le sien, dans un « lâcher prise », la douleur se transforme. La vie revient dans la main de Caroline, qui a lâché celle de son père.

Désactiver la mémoire

Une fois qu'on a repéré et accepté le « petit caillou » de mémoire qui empêche de bien vivre, il est temps de l'identifier. Pour cela, il faut aller chercher, dans le corps, au fond du « bocal », le nœud qui fait souffrir, pour le dénouer et l'empêcher ainsi de continuer à résonner inlassablement. J'ai raconté déjà comment on descend progressivement, couche après couche, de plus en plus profondément dans le corps, jusqu'à y trouver la mémoire qui lancine… Je sais bien que c'est un peu difficile à imaginer, à visualiser, pour qui n'a pas fait tout le chemin. La descente dans le corps est un long voyage intérieur, au cours duquel tous les verrous lâchent les uns après les autres. Ça n'a rien de spectaculaire. Il ne se passe rien d'extraordinaire, à part ces réactions très physiques, charnelles, du corps qui parle enfin. Et l'on ne se relève pas de la table de travail comme un miraculé, enfin débarrassé de ses carcans et de ses chaînes… Il s'agit, après les avoir vues et acceptées, d'éprouver, state après strate, toutes les couches de protection, de projections, mises en place au fil du temps. Et de traverser ces strates, en deçà et au-delà des mots, jusqu'à ce que le corps lui-même accepte de recontacter la douleur initiale qu'il avait si bien enfouie, pour la transformer, dans un choix conscient, et ainsi s'en libérer.

Cette désactivation ne se fait pas par raisonnement. C'est le corps, et lui seul, qui accepte d'affronter sa douleur au lieu de la contourner, et peut enfin en lâcher la mémoire et la transformer, dans une sorte de retournement. Que dire d'autre, à part qu'à un moment tout est prêt et que « ça se fait ».

Si la description du processus peut sembler un peu abstraite, les résultats, eux, sont parfaitement concrets. Je pense à Valérie, éternelle abandonnée, qui a fait le voyage jusqu'à sa blessure initiale et l'a retournée. Petit à petit, ses relations avec les hommes ont changé, de plus en plus radicalement. Je l'ai vue se transformer, s'épanouir, se consoler ; comme si une libération profonde et tranquille s'opérait en elle. Valérie est maintenant engagée dans une histoire stable et tranquille avec un homme qui lui convient. Je viens de recevoir leur faire-part de mariage.

SE RÉINFORMER ET TRANSFORMER

Le quatrième temps de transformation est sans doute le plus intime, le plus intérieur, et le plus singulier moment du travail. Contacter la mémoire de sa blessure initiale provoque un grand bouleversement dont chacun est libre de faire ce qu'il veut.

Celui qui n'en fait rien retourne à ce qu'il a mis tant d'énergie à quitter : schémas répétitifs et autres comportements aberrants. Il n'aura déblayé des montagnes et des montagnes de sable que pour mieux s'y ré-enfouir… C'est sa liberté.

Les autres continuent, à leur rythme, leur transformation. À l'intérieur de leur corps, la mémoire de leur blessure initiale n'a pas disparu : simplement, elle ne vibre plus sur le même mode. Comme si quelque chose, au plus profond d'eux-mêmes, avait changé de mouvement, d'élan ; nous parlons, entre praticiens de la mémoire du corps, d'un « retournement ». Une sorte de basculement profond donnant au corps d'autres informations, qui permettent d'autres réactions. Voilà la force de notre travail : si le corps se souvient et résonne en fonction de sa mémoire enfouie, il est aussi capable de ré-apprendre, de « retourner » sa mémoire pour regagner sa liberté et inventer d'autres façon d'agir et de ré-agir…

La transformation est un chemin sur lequel on va tranquillement de mieux en mieux. Pas de miracle, ni rien de spectaculaire. Que peut-on dire des gens qui vont mieux, sinon qu'ils ont l'air d'aller mieux, et que c'est très réjouissant ? J'ai vu des vies changer peu à peu, des esprits s'ouvrir, des familles réapprendre à communiquer, des couples se retrouver, des paroles circuler. J'ai vu des enfants naître, des ennemis finir par se réconcilier, des conflits s'apaiser doucement, des amoureux se trouver. J'ai vu, surtout, des personnes se lever et s'élever, poursuivre leur vie autrement, consciemment, et même – pourquoi ne pas le dire ? – spirituellement. Et aussi certains choisir de devenir thérapeutes pour accompagner à leur tour d'autres personnes vers le mieux.

Durant cette dernière phase, la vie se libère enfin de ce qui l'entravait. Il s'agit, ni plus ni moins, de reprendre les rênes de son existence et de choisir où la mener. Et là, ce n'est plus de mon ressort.

Un travail de fond très concret

Même si, durant chacune des quatre phases du travail, chaque personne constate que petit à petit sa vie se débarrasse d'un malaise profond et inexpliqué, le rôle du thérapeute est de l'aider à ne pas perdre de vue son objectif : se rééduquer pour aller mieux. C'est un véritable travail de fond, qui demande effort et persévérance.

Pendant la première phase, il s'agit de *voir*, avec sa tête. Voir comment et où s'exprime la mémoire dans sa vie et dans sa lignée familiale. Voir les comportements aberrants que cette mémoire engendre dans la vie quotidienne, et comment elle résonne de façon cyclique à chaque moment important de l'existence. Concrètement, cela signifie qu'en phase d'information chaque patient doit fournir l'effort qui consiste à remplir sa grille de vie, faire des recherches, scruter son existence et ses habitudes, prendre conscience de schémas douloureux et en tenir compte. Accepter de se dessiller les yeux et d'affronter ce qui se présente quand on les ouvre grands.

Pendant la deuxième phase, il convient d'*accepter*, avec son cœur, ce que l'on ressent. Concrètement, cela signifie écouter et dire ce qui se passe dans son corps. S'y arrêter pour trouver les mots justes qui expriment ce qui est souvent douloureux et désagréable, au lieu de se dérober à la sensation. Chercher, encore et encore, quels événements pourraient être liés à ces douleurs. Se mettre en mouvement, intérieurement, pour accepter d'entrer en contact avec les mémoires et les émotions qui font souffrir, et de faire le lien entre les différents événements de son histoire. Accepter que ça prenne du temps et que ce soit parfois décourageant… Et puis trouver les actes qui vont aider ce nouvel élan à se pérenniser.

La troisième phase est celle du cheminement dans son corps jusqu'à sa blessure initiale, pour pouvoir *adhérer* physiquement au mouvement de retournement, et le laisser opérer.

Pendant la quatrième phase, l'important est de ne pas retourner en arrière et de tenir l'effort pour tendre vers la *transformation*. Une fois la mémoire libérée de sa blessure initiale, tout reste à construire, sur ces nouvelles bases. Mais les plis et les habitudes ont tôt fait de revenir et de reprendre le dessus si l'on n'est pas vigilant. La conscience s'entretient, se nourrit, se construit. Et s'incarne dans des actes, des choix de vie, des cheminements intérieurs qui n'ont de valeur que s'ils sont, eux aussi, réels, concrets et vérifiables.

Tout se fait jour après jour, le chemin étant ponctué par des séances très concrètes de travail en mémoire cellulaire. À quoi ressemblent ces séances ? Le plus souvent, elles durent entre une heure et une heure et demie. Consultant et praticien font un bilan des événements survenus depuis la consultation précédente : qu'est-ce qui a été *vu*, qu'est-ce qui est *accepté*, qu'est-ce qui *se retourne*, qu'est-ce que ça *transforme* ? Ensemble, ils repèrent le point sur lequel il semble logique de travailler cette fois-ci. Le praticien propose alors au consultant d'interroger son corps sur cette question précise. Le consultant s'allonge sur une table de relaxation, et se laisse guider par son praticien qui va l'aider à « descendre » dans son corps, le plus loin possible. C'est au cours de ce processus qu'il va pouvoir contacter la mémoire de son corps et tenter progressivement d'accompagner son retournement.

Ce processus, Mère, une des pionnières du travail de mémoire du corps, le décrit très simplement : « Pendant longtemps, vous avez l'impression que rien ne se passe. Que votre conscience est comme d'habitude. Et même si vous avez une aspiration intense, vous sentez une résistance, comme si vous vous cogniez contre un mur qui ne veut pas céder. Mais quand vous êtes prêt au-dedans, un dernier effort, le coup de bec dans la coquille de l'être, et tout s'ouvre. Vous êtes projeté dans une autre conscience. »

Cette maladie n'est pas pour la mort

Je ne voudrais pas clore ce chapitre sans laisser Nelson raconter son histoire. Il avait quarante-deux ans quand il est arrivé à mon cabinet. Et il était inscrit sur la liste d'urgence pour une transplantation cardiaque. Nous avons travaillé ensemble, jusqu'à ce qu'il contacte la blessure initiale qui menaçait de l'étouffer. Nelson n'étouffe plus et n'a pas besoin du cœur d'un autre. Son histoire, c'est l'histoire d'un « retournement » et d'une libération…

« C'était l'été dernier. Soudain j'ai eu du mal à respirer. Les spécialistes consultés ne trouvaient pas d'explication. Tout d'un coup, j'ai senti une sensation très nette et très nouvelle. Elle disait : “Tu vas bientôt mourir.” J'ai fini par aller mieux, sans qu'on sache pourquoi.

« Deux mois plus tard, j'avais de nouveau du mal à respirer. Je me suis finalement retrouvé dans un service de cardiologie, pour trois semaines d'examens de plus en plus poussés. Un jour, on m'a annoncé, en présence de ma femme, qu'il était temps d'entamer les procédures pour une greffe du cœur et que mon espérance de vie avait grandement rétréci.

« L'hôpital est un désert, affectif et spirituel, pour tous ceux qui y souffrent sans parole et sans regard… J'étais, moi, tellement entouré d'amour, de présence et de prière, que je ne m'y suis pas perdu. Mais j'aurais pu… J'ai mesuré, aussi, à quel point la puissance d'investigation et d'analyse de notre médecine est éblouissante. Et combien elle s'accompagne d'une totale cécité d'interprétation. J'étais malade, soit, mais pourquoi ? Pourquoi devient-on malade, et qu'entendre, quelle sagesse tirer de ce qui s'exprime dans cette maladie ?

« Il m'a fallu quelques semaines de recul, après mon retour à la maison, pour comprendre qu'il me fallait entrer dans autre chose pour bouger de là. Pour reprendre mon destin en main, et devenir l'acteur de cette chose qui m'arrivait.

« Je suis donc allé rencontrer d'autres thérapeutes. Trois. Des personnes qui m'ont pris en compte dans mon intégralité, corps, âme, esprit, pour me reconduire vers une unité que j'avais perdue… Ces thérapeutes m'ont renvoyé à bien plus que ma maladie. Ils m'ont renvoyé à mon être, au sens de ma maladie, à ma propre responsabilité en tant que malade et à tous ceux qui m'entourent. J'ai compris qu'il s'agissait de travailler, à partir de la mémoire de mon corps.

« Cela ne va pas de soi, parce qu'il faut désirer la vie, en profondeur, et que c'est bien moins évident qu'il n'y paraît. Et aussi parce qu'il faut accepter de plonger dans des zones d'ombre…

« Un des thérapeutes m'a dit : “Tu vivras aussi longtemps que tu le souhaites.” J'ai reçu sa parole en plein cœur, parce que je sentais qu'à ce moment précis les choses dépendaient de moi et que j'étais tenté de me laisser partir. Par cette parole qui me mettait au pied du mur de ma propre responsabilité, ce thérapeute a commencé à me guérir.

« Quant à la part d'ombre, j'ai expérimenté à quel point cette maladie était porteuse de sens, et combien elle exprimait, dès lors que j'ai bien voulu l'écouter, des déséquilibres, des drames, des ruptures personnelles et générationnelles, voire collectives. C'est en intégrant ce sens que j'ai pu me réorienter, évoluer, grandir, progresser dans la conscience de la vie et du réel. Me rapprocher de la vie. Guérir n'est pas forcément de mon ressort, mais comprendre le sens de cette maladie, l'intégrer autant que faire se peut, ça, c'est de ma responsabilité.

« Ce qui est désespérant, ça n'est pas tant d'être malade que d'être sourd au sens de ce qui nous advient. Parce qu'alors, la souffrance cogne en aveugle. Je crois, moi, que la maladie a une fonction : celle, justement, de nous mettre en relation avec le sens et avec la vie. C'est paradoxal, mais extrêmement concret et réel. "Cette maladie n'est pas pour la mort", dit l'apôtre Jean dans son évangile. On peut mourir, bien sûr, mais mourir guéri, ayant expérimenté que, dans l'absurde et la nuit, la lumière peut prendre chair.

« Les cardiologues m'ont confirmé il y a quelques jours que mon cœur a retrouvé un fonctionnement normal. Il est peut-être guéri. À cette annonce, j'ai senti l'énergie de la terre et du ciel dans ma poitrine. Je rechuterai peut-être, mais ça ne change rien à ce que j'ai appris… »

13

DES OUTILS POUR AVANCER

Dans le long voyage que représente le travail sur la mémoire du corps, je crois que tout outil susceptible d'aider à la connaissance de soi et de son histoire, et à la compréhension de ce que dit son corps, est bon à prendre. Généalogie, hypnose, psychothérapie, psychogénéalogie, psychanalyse... l'homme a développé un nombre impressionnant de techniques pour tenter de comprendre qui il est et comment il marche. Pourquoi s'en priver ? Pourquoi jeter aux orties telle ou telle pratique sous prétexte qu'elle n'est pas « orthodoxe » ? Mes consultants arrivent, le plus souvent avec une histoire thérapeutique durant laquelle ils ont appris beaucoup sur eux-mêmes. Je prends ! Peu importe le moyen, s'il permet d'avancer, d'amasser des informations et de faire le lien entre ces informations et ce qui fait souffrir.

Personnellement, je travaille avec un certain nombre de ces outils. J'ai déjà parlé de la grille de vie et de la généalogie : de quoi faire un bilan précis, détaillé et approfondi de l'histoire de la personne que j'ai en face de moi ; de quoi nous aider, elle et moi, à échanger et à comprendre d'où elle vient. Et à trouver des pistes pour décrypter ses héritages, ses fonctionnements, ses conditionnements.

Comme tous les outils, ceux-ci ne sont utiles que si l'on ne perd pas de vue qu'ils ne sont que cela, des outils. Pas question d'imaginer qu'une grille de vie ou un arbre généalogique, même soigneusement élaborés, contiennent toutes les réponses, toutes les clés, et même une sorte de solution magique aux questions d'une vie. Ils peuvent seulement aider à avancer et donner un éclairage subtil, complexe, détaillé, dont il serait dommage de se priver.

Les mots du corps

Tout cela serait insuffisant si l'on ne pouvait y ajouter ce qui motive mon travail et mes recherches : les mots du corps, ce qu'il a à dire. Non pas les mots qui passent par l'intellect et le travail cérébral, puis par la bouche qui les prononce ou la main qui tient le stylo pour les écrire, mais bien ceux qui nous échappent ; ceux qui, le plus souvent, sont tus ou dits sans être entendus.

Que se passe-t-il lorsque quelqu'un me fait confiance au point d'accepter de s'allonger sur ma table de travail, après que j'ai écouté ce que m'a dit sa tête (la couche mentale) et même son cœur (la couche émotionnelle) ?

Je l'aide à se relaxer profondément pour qu'il, ou elle, lâche prise et nous permette d'accéder, lui ou elle et moi, à sa couche sensorielle. Et j'écoute, en m'aidant principalement de la bio-résonance cellulaire et des cercles de Phyllis Krystal, deux outils parfaitement adaptés à ce travail, ce que dit son corps. Bien souvent, ça a l'air de n'avoir pas grand-chose à voir avec ce que disaient sa tête et son cœur, quelques instants plus tôt : ça se situe ailleurs, dans la chair, dans les nerfs, les muscles, les os ; dans l'énergie qui constitue cet organisme et qui y circule.

Quand on sait les faire monter à la surface et les écouter, les mots du corps disent, de manière très juste et souvent très surprenante, ce que les mots de la tête et du cœur ont contourné sans le savoir. Et c'est en disposant de tous ces mots, sans exception, qu'on arrive à avancer.

La bio-résonance cellulaire

Puisque nous sommes constitués d'énergie et que notre corps dans son ensemble – système nerveux, muscles, tous les tissus – garde en mémoire les événements heureux ou malheureux de l'existence, il est venu à l'esprit de certains soignants que si l'organisme émet des signaux électromagnétiques reflétant le métabolisme cellulaire, on pouvait « écouter » ce qu'il dit en mesurant tout changement de tonus, lorsqu'il est stressé, ou sollicité. Et ils ont trouvé un lien entre la force musculaire, le stress et les méridiens d'acupuncture : ainsi est née la kinésiologie.

Partant de cela, nous avons mis au point une technique qui nous permet de mettre des mots sur ce dont le corps se souvient et sur ce qu'il restitue au cours de nos séances de travail. Nous l'avons appelée la bio-résonance cellulaire, puisqu'elle va chercher la fréquence vibratoire qui fait résonner la mémoire de nos cellules. C'est un peu comme si notre corps était un instrument de musique souvent désaccordé par des fréquences issues de partitions déjà jouées dans notre passé ou même dans celui de nos ancêtres, ne correspondant pas à notre propre partition. La bio-résonance cellulaire aide le corps à retrouver sa propre fréquence, pour pouvoir enfin jouer sa partition à lui.

Concrètement, cela signifie qu'après avoir défini sur quelle question il lui semble judicieux de travailler, et après s'être profondément relaxé, le consultant laisse le praticien

« écouter » les vibrations énergétiques émises par son corps. En contact physique très léger avec le consultant, le praticien émet sans les prononcer un certain nombre de mots correspondant à des émotions, des comportements, des fonctionnements, répertoriés dans des tableaux selon des listes logiques de résonance. En les prononçant intérieurement, il envoie l'énergie de ces mots au muscle avec lequel il est en contact et écoute la réaction du muscle, qui lui indique quel niveau de stress ces mots provoquent dans le corps du consultant. C'est guidé par ces réponses qu'il avance petit à petit, mot après mot, tableau après tableau, vers l'origine de ce qui fait souffrir.

Cette méthode permet de recueillir des informations importantes pour le travail en mémoire du corps, parce qu'elle donne au corps l'occasion de dire vers où il convient d'aller chercher des indices pour s'approcher de la blessure initiale.

Les cercles de Phyllis Krystal

Phyllis Krystal est une psychanalyste américaine, avec qui j'ai eu la chance de travailler et d'expérimenter la méthode des cercles qu'elle a mise au point pour accompagner ses patients (et expliquée en détail dans son livre *La Vie ouverte. Briser les liens du passé*[1]).

Il s'agit très simplement de faire remonter les images de l'inconscient. Cette méthode est surtout utilisée pour visualiser puis dénouer les liens avec les personnes vivantes ou

1. Phyllis Krystal, *La Vie ouverte. Briser les liens du passé*, Barret-le-Bas, Souffle d'or, 1990.

mortes auxquelles le consultant est très lié, d'une manière ou d'une autre, et avec qui la relation est douloureuse ou emprisonnante.

Après qu'il a atteint un niveau de relaxation suffisant, je demande à mon consultant de tracer mentalement devant lui deux grands cercles d'or, qui se touchent mais ne communiquent pas. Il se visualise dans le cercle de droite, et visualise dans le cercle de gauche la personne dont il est question. Il décrit, avec le plus de détails possible, les sensations qu'il éprouve vis-à-vis de lui-même tel qu'il se voit dans ce cercle, et celles qu'il éprouve vis-à-vis de la personne contenue dans le cercle de gauche.

Généralement, à ce moment-là, apparaît une scène réelle ou imaginaire, qui raconte le lien qui unit les deux personnes. À partir de cette scène que je lui demande de raconter et de décrire, le consultant va visualiser de façon très concrète les liens qui l'unissent à l'autre personne, et qui, donc, passent d'un cercle à l'autre.

Toutes sortes de liens, des plus classiques aux plus étonnants, surgissent de ces séances : fil de soie, câble électrique, fil de fer barbelé, pelotes inextricables, chaînes rouillées ou rutilantes, lien de feu, rai de lumière, filet d'eau, autoroute, ondes radio, que sais-je encore ?

La technique de Phyllis Krystal, si on la suit jusqu'au bout, permet à qui le souhaite et qui y est prêt de couper symboliquement le ou les liens douloureux, de manière à être libéré de ce qui le fait souffrir et à en faire le deuil. Elle permet, aussi, d'accéder aux mots de l'inconscient, qui racontent des entraves ou des absences de liens souvent insoupçonnées ; l'histoire de Louise, qui suit, en est une des nombreuses illustrations…

J'ai déjà parlé de Louise, dont les parents ont perdu un ami cher dans des circonstances dramatiques au septième mois de grossesse, et dont on a pu lire le parcours page 42. Lorsqu'elle vient me voir, ce n'est pas du tout pour me parler de cela, dont elle n'a plus aucun souvenir, mais de ses difficultés à vivre sereinement, de ses violentes crises d'angoisse, de son profond sentiment de solitude. Tout cela, c'est ce qu'elle me dit avec sa tête. En approfondissant un peu l'échange, Louise parle, avec son cœur, de ce qui la préoccupe le plus : après avoir fait quelques recherches familiales et travaillé sur sa grille de vie, elle a découvert son arrière-grand-mère Emma. Elle sent, sans savoir vraiment l'expliquer, et bien qu'Emma soit morte depuis fort longtemps, que celle-ci occupe une grande place dans sa vie. Au point qu'elle se sent envahie par l'aïeule et trouve dans leurs existences respectives d'étranges similitudes. Louise commence à voir de quelle manière cette arrière-grand-mère a pu influencer sa vie, ses choix, sans même qu'elle en ait conscience. Et elle sent que l'« héritage » de cette femme l'empêche d'avancer, sans vraiment pouvoir expliquer en quoi.

La demande de Louise est donc que je l'aide à aller voir dans son corps en quoi Emma l'empêche d'avancer. Je lui propose de s'allonger sur la table et de nous laisser écouter ce que dit son corps.

Interrogé par le biais de la bio-résonance cellulaire, ce jour-là, le corps de Louise réagit à ces mots particuliers du tableau : « je dois rester dans l'indifférence » et « septième mois de grossesse ». Intriguée, je vais voir dans sa grille de vie à quoi correspond cette indication, et je tombe sur l'assassinat de l'ami des parents de Louise, au septième mois de sa vie fœtale… Louise dit alors : « Je m'accroche » et son corps dit, mot après mot : « Je ne veux pas me résigner, sinon j'entre dans l'inacceptable », puis : « incapacité de m'engager dans la vie, je m'empêche de me sentir la bienvenue ». Lorsqu'elle m'entend lui restituer ses mots, énoncés par son corps grâce à la bio-résonance cellulaire, Louise raconte cette sensation si familière pour elle, depuis toujours : la peur de ne pas y arriver et de ne pas s'en sortir…

Guidée par ce que vient de nous dire le corps de Louise, je lui demande alors de tracer mentalement devant elle deux cercles d'or, qui se touchent sans se chevaucher, et de se mettre dans le cercle de droite, puis de mettre sa maman dans le cercle de gauche. Elle y parvient difficilement : elle se voit dans le cercle de droite, « recroquevillée comme un petit haricot desséché, reliée avec rien, parce que c'est trop dangereux d'être concernée ». Elle n'arrive pas à tracer un lien avec le cercle de gauche, au centre duquel elle a placé sa mère, qui pourtant est absente, « hors de portée, ailleurs ». Louise décrit de façon très détaillée et très désespérée l'immense isolement dans lequel elle se trouve. Elle finit par apercevoir une lumière, vers l'endroit où se rejoignent les deux cercles, mais elle ne peut pas y accéder. Elle voit juste que cette lumière est le seul moyen de s'en sortir…

Grâce aux mots du corps, Louise, qui était là pour comprendre de quelle manière son arrière-grand-mère semblait la « parasiter », a finalement contacté sa blessure initiale : le moment de sa vie fœtale où elle s'est sentie submergée par la peur, et totalement abandonnée par sa mère, qui était alors elle-même absorbée par son angoisse. Son corps a restitué de façon très précise la sensation douloureuse de ne plus être reliée à rien et d'être en train de mourir : une sensation que Louise revit régulièrement depuis plus de quarante ans…

L'UNION FAIT LA FORCE

Le rôle du thérapeute en mémoire du corps est d'accompagner très attentivement et très intimement les grands bouleversements. Pour adoucir la difficulté, rassurer, guider, mais surtout pour encourager l'effort et aider la personne engagée dans ce processus à ne pas « rebrousser chemin », à ne pas remonter à la surface de son « bocal » et recommencer à analyser, analyser, analyser…

Année après année, nous avons élaboré une série d'outils, qui ne sont, je le répète, que des outils (et non pas une fin en soi), mais qui permettent d'avancer dans la phase de désinformation ; j'ai découvert et expérimenté à quel point le travail de groupe est utile à la plupart de mes consultants. Chacun fait miroir, l'expérience de l'un déclenche ou accélère le cheminement de l'autre, on cherche et on éprouve ensemble chaque parcours individuel… C'est pourquoi je les reçois, aussi, dans des séminaires d'un ou plusieurs jours, durant lesquels nous prenons le temps d'aller en profondeur vers les mémoires du corps.

Naturellement, nous accompagnons hors des groupes ceux qui ne s'y sentent pas à l'aise. Je dis « nous », car je ne travaille pas seule. D'autres thérapeutes en mémoire du corps travaillent avec moi en synergie. Et très souvent, nous demandons aussi l'aide de spécialistes du massage, de l'acuponcture, de la médecine chinoise, de l'homéopathie et d'autres thérapeutes respectueux du corps et de l'âme, dans leur globalité, pour qu'ils ajoutent leurs compétences aux nôtres.

Tout simplement parce que le travail de mémoire du corps n'est pas seulement une démarche individuelle, mais bel et bien une aventure collective et humaine, dans laquelle la transmission et l'échange jouent un rôle capital.

14

Claude et Pierre, naître, faire naître et renaître

Pierre : Nous nous sommes rencontrés à l'université... Claude était en troisième année, moi en première. Elle m'a plu tout de suite, mais elle me semblait vraiment hors de portée. Finalement, c'est elle qui a fait le premier pas vers moi.

Claude : Je faisais toujours le premier pas. Depuis ma plus tendre enfance, je prenais les choses en main, pour ne pas avoir à les subir. Quand je suis née, ma mère espérait un garçon, de toutes ses forces. Mon père aussi, d'ailleurs. Quand il a vu que j'étais une fille, il a quitté la maternité pour aller retrouver ses copains. Je ne l'intéressais pas... J'ai grandi comme ça, persuadée que la seule solution pour avancer dans ma vie, c'était de faire bien attention à toujours tout maîtriser. Et l'agression sexuelle dont j'ai été victime quand j'avais quatre ou cinq ans a fini de m'en convaincre : plus question de subir quoi que ce soit, jamais.

Pierre : Mes parents à moi voulaient une fille. Ils ont eux aussi été très déçus à ma naissance. Et ils ont dû attendre cinq ans pour se rattraper : quand ma petite sœur est née, ils lui ont donné toute la place. Depuis, et encore aujourd'hui, je passe toujours en deuxième position à leurs yeux. Leur maison est remplie de photos d'elle, il n'y en a pas une de moi. Ils se sont désintéressés de mon cas, je crois. Quand j'ai annoncé à mon père que j'avais réussi mes études de médecine, il a dit : « Dommage, si tu avais raté, tu aurais pu reprendre le magasin… »

Claude : Finalement, nous nous sommes bien trouvés ! Lui qu'on attendait fille, moi qu'on attendait garçon… Je crois que c'est sur ce déséquilibre-là que notre histoire s'est construite, même si, à l'époque, on ne s'en rendait absolument pas compte. On était jeunes, amoureux, enfin libérés de nos parents. On a ouvert un cabinet ensemble et on a décidé d'avoir un premier enfant. On en voulait plein ! Mais ça n'a pas marché. Je n'arrivais pas à être enceinte.

Pierre : C'est devenu assez vite un sujet de tension. Nous avions tout réussi, mais nous n'envisagions pas notre vie sans enfants. Notre vie sexuelle s'est transformée en catastrophe, entièrement organisée sur les périodes d'ovulation de Claude. Quand elle m'a dit que tous ses examens à elle étaient normaux et qu'on devait plutôt chercher de mon côté, ça m'a fait un choc. Si la femme donne naissance, l'homme permet de donner la vie. Qu'est-ce qu'il me reste, à moi, si je ne peux pas donner la vie ?

Claude : Moi, ça m'a rassurée. Une fois de plus, j'avais la maîtrise : MOI, je pouvais avoir des enfants. Et finalement, c'était le plus important… Les résultats des analyses de Pierre sont arrivés par la poste. Il n'était pas là. Je ne l'ai même pas attendu pour ouvrir l'enveloppe. C'est moi qui lui ai annoncé qu'il souffrait d'une azoospermie sévère.

Pierre : Ça veut dire que je ne fabriquais presque pas de spermatozoïdes. Et que les quelques malheureux que je fabriquais étaient tellement mal en point que si, par miracle, ils avaient pu féconder un ovule, le fœtus n'aurait pas été viable.

Claude : J'ai proposé l'adoption, mais je savais qu'il refuserait. Il restait l'insémination avec donneur : tout était bien, je pourrais avoir mon enfant…

Pierre : Le plus important, à mes yeux, c'était que personne ne sache que je n'étais pas capable et que ça ne se voie pas. C'est pour ça que l'adoption, je n'aurais pas pu.

Claude : J'ai complètement nié sa souffrance. Bien sûr, ça me faisait de la peine de le voir malheureux, mais tout ce que je savais, moi, c'est que j'allais avoir un bébé. Je ne sais pas dans quelle mesure ça ne m'arrangeait pas : je pouvais me débrouiller sans les hommes, gagner ma vie sans les hommes et même faire un enfant sans mon mari…

Pierre : J'ai quand même demandé qu'on essaie, une dernière fois, en inséminant mes propres spermatozoïdes…

Claude : J'ai accepté, mais j'étais en colère contre lui. J'ai suivi un traitement hormonal pénible pour rien, puisqu'on savait que ça ne pouvait pas marcher. Et puis on a commencé la procédure pour l'insémination avec donneur. Il a fallu aller voir un psy, c'est prévu dans la loi.

Pierre : Je n'ai pas dit un mot. J'avais tellement mal, je n'avais pas de mots… À ce moment-là, il n'y avait plus d'amour entre nous. Il n'y avait plus qu'un objectif… Moi, j'étais dans ma souffrance, et elle dans son impatience. J'étais fermé à tout, plus rien ne circulait en moi. Quand c'était le bon moment, j'allais chercher les paillettes à la banque du sperme. J'assurais mon rôle de pourvoyeur… Mais quand même, dans les quarante-huit heures qui suivaient, je m'arrangeais pour ajouter mon sperme dans le ventre de Claude. Histoire de me laisser une chance…

Claude : À la deuxième tentative, ça a marché. J'étais enceinte. J'ai eu une grossesse triomphale…

Pierre : L'arrivée de Bastien n'a rien libéré, pour moi. Ça a seulement permis de légitimer notre couple et de réparer le manque d'enfant. Mais ça n'a pas fait de moi un géniteur. La souffrance était là. Quand il est né, on m'a évacué de la salle. Je l'ai regardé à travers la vitre, posé à côté de ma femme, et je me suis dit : « Il va falloir que je partage… » Effectivement, les deux années qui ont suivi ont été entièrement organisées autour de Bastien. Il était le centre de nos vies. On l'aimait infiniment, on était très heureux, mais on n'était toujours pas un couple…

Claude : Ou alors, un couple à trois, où tout passait par l'enfant. J'étais fascinée par mon fils. Et rivée au calendrier : il y a un délai légal de deux ans avant de pouvoir demander une deuxième insémination. Dès qu'on a pu, on y est retournés : je voulais une fille… Enfin, je dis « on », mais, en fait, j'ai complètement shunté Pierre. D'ailleurs, je suis allée chercher moi-même les paillettes à la banque du sperme. Je ne lui laissais même plus le rôle de pourvoyeur… Ça a été une grossesse très difficile. Et puis Victor est né. Pour sa naissance, sa marraine m'a offert un bon pour une séance avec un astrologue. Pas un charlatan ; un homme qu'elle avait rencontré et qui l'avait fait beaucoup réfléchir sur sa manière de voir la vie. J'y suis allée sans conviction, mais j'y suis allée. Et en sortant de chez lui, j'ai compris à quel point j'étais seule : j'étais sans Pierre. J'avais fait mes enfants sans lui. Et je ne voyais plus très bien quel sens avait ma vie.

Pierre : Après la naissance de Victor, nous n'avions plus aucune vie sexuelle. Nous vivions ensemble, mais sans rien partager, à part les enfants. J'ai proposé d'aller voir un sexologue.

Claude : Je savais que ça n'était ni le problème, ni la solution. Je ne pouvais plus continuer comme ça. La seule chose qui nous reliait encore, c'étaient ces enfants, que nous aimons énormément. Je me suis rendu compte que je n'étais même plus malheureuse pour lui, mais surtout pour moi, ce qui était encore une façon de garder la main ! J'ai entendu parler de la mémoire du corps. J'y suis allée, pour essayer. Et là, après quelques séances de travail, j'ai vu que j'avais tout faux. Et j'ai compris, ou plutôt j'ai ressenti, dans tout mon corps, qu'être une femme, c'était très éloigné de ce que j'étais, moi. Je savais que j'allais devoir lâcher mon pouvoir sur ma vie, mes enfants, mon mari. Ça m'a enragée. Mon corps débordait de colère contre Pierre, et contre tous les hommes, et je sentais que c'était la clé de la stérilité, de l'absence de sexualité et de cet isolement dans lequel j'étouffais. Et je savais, aussi, que c'était fini : je ne pouvais plus continuer à me fourvoyer dans cette vie-là. Il fallait que je lâche, que je transforme tout ça en amour.

Pierre : Elle s'est mise à changer, mais je ne comprenais rien. J'ai juste senti un décalage encore plus grand entre elle et moi. On était l'un à côté de l'autre, plus du tout l'un avec l'autre. J'ai eu peur qu'on se perde. Au boulot, j'étais à la tête d'une équipe de femmes et ça se passait très mal : je n'arrivais pas à imposer mon autorité sans conflits et je n'arrivais pas à gérer les conflits. C'était la guerre partout dans ma vie ! Claude m'a suggéré de travailler également en mémoire du corps. Qu'est-ce que j'avais à perdre ? J'ai fini par y aller.

Il m'a fallu plusieurs séances de travail pour pouvoir écrire et dire ces quelques mots : « Je ne suis pas le géniteur de mes deux fils. » Tout mon corps s'y refusait. Et, quand j'y suis enfin parvenu, dans les larmes, je me suis mis à trembler et ça a duré des heures. J'étais touché dans ma chair. Je ne maîtrisais plus rien du tout. J'ai senti que quelque chose en moi s'ouvrait vers autre chose, d'assez effrayant pour le scientifique rationnel que je suis. Mais j'y suis allé quand même, dans cet ailleurs. Et j'ai compris, senti, vu que j'étais à côté de mon « masculin ». Il me manquait une force de proposition, l'envie de prendre des responsabilités et, franchement, ça ne me tentait qu'à moitié de faire l'effort de récupérer ce rôle-là. Je peux même dire que ça me mettait très en colère. Mais je voyais bien que Claude me laissait enfin cette place et que je devais la prendre.

Claude : On avait très peur tous les deux, chacun de notre côté, parce qu'il fallait tout changer. Moi, j'étais en plein dans la découverte de mon « féminin ». J'apprenais à m'ouvrir, à lâcher mon pouvoir. Laisser faire, me laisser faire… Quelque chose de nouveau était en train de naître. Mais avant, il a fallu mourir à ce qui avait donné sens à nos vies jusque-là. C'était long et très douloureux.

Pierre : C'est venu petit à petit. J'ai découvert son « féminin » à elle. J'ai vu, en face de moi, une ouverture, une béance à remplir et mon incapacité à y répondre. Comme un vertige.

Claude : J'ai arrêté de prendre sa place. Je me suis mise à attendre. Pour lui laisser le temps de comprendre, de trouver…

Pierre : J'attendais qu'elle propose, mais elle ne proposait plus ! Et malgré ça, rien n'émanait de moi : je n'y arrivais pas. Pendant les séances de travail en mémoire du corps, je me sentais dans un long tuyau noir, sans fin. Ça fait très très peur ! Et puis un jour, j'ai enfin vu une extrémité, une lumière. Il m'a fallu encore plusieurs séances pour arriver à cette lumière. J'ai commencé à prendre des décisions, trouver une autre place. Mon corps s'est enfin autorisé à émettre, au lieu de seulement recevoir. Et aussi, sans doute, à fabriquer des spermatozoïdes non seulement viables, mais dotés de l'énergie d'aller jusqu'au bout. C'est à ce moment-là qu'Adèle est arrivée.

Claude : Un jour, j'ai découvert que j'étais enceinte ! C'était incroyable et en même temps tout à fait logique : j'étais devenue une femme, et lui un homme. Nous pouvions donc faire un enfant.

Pierre : C'était comme un cadeau inespéré ! Adèle est née une nuit de janvier, au milieu des éclairs et de la foudre.

Claude : Ça pourrait être la fin de l'histoire, mais je crois au contraire que pour nous, ça a été le vrai début. Quand Adèle est née, Pierre s'est arrêté d'avancer, comme s'il était arrivé. Comme si tout ce travail, tout ce chemin que nous avions parcouru avait eu comme seul but ce bébé. La furie m'a reprise ! J'avais fait un enfant à cet homme et il ne voulait pas continuer d'avancer avec moi…

Pierre : Je crois que c'est vraiment à ce moment-là que nous sommes devenus un vrai couple : quand nous avons pris conscience qu'on ne pouvait pas trouver meilleur partenaire pour traverser ce que nous avons à traverser.

Claude : Nos corps le savaient déjà. On faisait chacun notre chemin et on éprouvait nos progrès dans la sexualité. Avant la conception d'Adèle, j'ai senti le mien se détendre. J'ai découvert le bonheur d'un sexe qui s'ouvre, millimètre après millimètre…

Pierre : Et moi, j'ai senti à l'intérieur de mon sexe quelque chose que je n'avais jamais senti avant. Quelque chose qui rendait acceptable de ressentir le vide à combler chez Claude et d'avoir plus de confiance que de vertige pour m'y risquer. Voilà comment nous avons découvert et expérimenté – avec délice ! – que le vide appelle le plein et que ça peut être fluide, léger, profond et fort.

Claude : On pourrait croire que c'est la naissance d'Adèle qui a tout transformé. Évidemment, ça a été formidable. Mais je crois que ce qui nous a vraiment changés, profondément, et finalement libérés, c'est la conscience. D'abord la conscience, dite par nos corps, que nous n'étions pas aux bonnes places – les places où nos familles nous avaient mis. Ensuite, la conscience que c'est difficile, mais qu'il est possible de ne pas lâcher et d'évoluer chacun de son côté ET aussi ensemble. Et, enfin, la conscience que tout ça se situe ailleurs, bien ailleurs que dans nos intellects…

Pierre : C'est un processus d'évolution, jamais figé, jamais fini. Dix fois on aurait pu se séparer et repartir dans nos prisons, y compris après la naissance d'Adèle. On serait passés à côté de ce que nous sommes en train de vivre : la rencontre sans cesse renouvelée de deux êtres suffisamment libres de leurs blessures pour être capables d'inventer la vie qu'ils ont choisie. Franchement, ça aurait été dommage de s'en priver !

… je suis vivante !

Cela fait plus de trente ans maintenant que je m'émerveille de ce que la vie me propose. Et de voir Jeanne, Louise, Nelson, Claude, Pierre et tant d'autres se métamorphoser peu à peu… comme s'ils retrouvaient leur unité après avoir été éparpillés en mille morceaux.

J'ai voulu écrire ce livre comme on entrebâille une porte : pour laisser passer un peu d'air, un peu de lumière, quelque chose qui vient d'ailleurs et peut améliorer l'atmosphère. Et, peut-être, aussi, pour donner aux chercheurs et scientifiques entre les mains desquels il tombera l'envie de venir se pencher sur l'histoire des centaines de consultants que j'ai reçus, écoutés, accompagnés et répertoriés, pour nous aider à mieux comprendre, expliquer, et à progresser. J'ai tant appris, tant avancé, tant ressenti ! J'aimerais que mon expérience concrète et humaine puisse contribuer à faire avancer la recherche.

Il y a bien des choses dont j'ai choisi de ne pas parler ici, parce qu'elles demandent du temps et qu'il faut tout un chemin pour qu'elles soient vues et entendues. Mais tous les humains qui se sont intéressés, vraiment intéressés, à la question du corps et de ses souffrances ; tous ceux à la suite desquels j'ai cherché, à mon tour, des sens et un sens à des existences torturées et à leurs libérations magnifiques ; toutes les personnes qui, comme moi, on eu la chance, la douleur et la joie de découvrir ce qu'est la conscience et de se mettre en marche vers et avec elle, tous ceux-là savent bien que plus on « descend » dans le corps physique, plus on prend le risque de s'élever, aussi, vers autre chose, qui nous échappe.

« L'homme n'est pas un animal spirituel ; c'est un être spirituel qui vient faire l'expérience de la matière », a dit Teilhard de Chardin. C'est exactement ce que m'a appris la vie.

Postface

Je connais les recherches de Mme Myriam Brousse qui, depuis quarante ans, travaille dans le domaine du développement personnel par son approche de ce qu'elle appelle la « mémoire du corps ». Mon intérêt pour sa pratique a été suscité par les résultats obtenus.

Les exposés très simples de ce livre méritent une mise au point car, pour bien les comprendre, il faut situer la démarche de l'auteur dans l'ensemble très complexe et hétérogène des « thérapies de la personne ».

En 1980, une initiative unique fut entreprise à l'université Paris-Nord : la création d'un département de thérapie naturelle. Chercheur universitaire travaillant depuis de nombreuses années sur les méthodes de développement personnel, je fus alors chargé d'y élaborer un enseignement de synthèse rendant compte des méthodes naturelles visant la mobilisation des potentiels humains. Quelques années plus tard, suite au succès de cet enseignement de synthèse, la direction d'une formation universitaire me fut accordée. L'objectif était de réaliser une synthèse des fondements (psychologiques, émotionnels, énergétiques, spirituels, etc.) des approches dites de « potentiels humains », car ce qui est important dans la « thérapie de la personne », c'est la mobilisation des ressources naturelles de chacun et non la justification d'une idéologie thérapeutique.

Précisons que, dans la connaissance et l'exploitation de ces potentiels naturels de l'homme, nous en sommes encore aux balbutiements ; les thérapies issues des formations universitaires actuelles exploitent très peu ces possibilités. J.-P. Escande, professeur de médecine, déclare : « L'organisme, sur ordre du cerveau, possède en lui de quoi corriger tous les désordres possibles (...). Ces capacités de défense et de régénération sont, pour le moment, quasi inexploitées. »

Constater que des méthodes dénommées « alternatives » (parce que non enseignées dans les universités) donnent de meilleurs résultats est monnaie courante pour moi. Or, un des aspects les plus probants de la valeur scientifique d'une thérapie est son efficacité. Toutefois, il ne faut pas confondre l'« idéologie » et la « science » ; l'aveuglement par certaines idéologies académiques courantes (comportementalismes, freudisme et ses variantes), proclamées « scientifiques », peut amener le praticien de l'ordinaire thérapeutique à jeter le discrédit sur les pratiques qualifiées de « parallèles », dont plus de deux cents sont remboursées actuellement par les assurances-santé suisses. Parmi ces thérapies, quelques-unes ont été créées par d'éminents thérapeutes, mais ne dispensent aucune formation pratique universitaire. Tel est le cas de la bio-énergie lancée par Alexander Lowen. Cette méthode donne d'excellents résultats en un laps de temps relativement court, y compris dans des cas où les psychothérapies institutionnelles classiques n'ont pas donné de résultats appréciables après des années de traitement. Cette méthode d'Alexander Lowen est basée sur la prise de conscience de l'émotion refoulée dans le corps[1].

---

1. Alexander Lowen, *Lecture et langage du corps : les dynamismes physiques de la structure caractérielle*, Sainte-Foy, Saint-Yves, 1977.

Voici quelques notions qui caractérisent, dans le présent ouvrage, la pratique sur la mémoire du corps :

— la place du corps en tant que lieu de mémoire génératrice de troubles,

— l'émotion bloquée dans le corps et devenue insensible et inaccessible à la conscience,

— la répétition des troubles, crises ou maladies qui orientent le thérapeute vers leur signification historique personnelle, transpersonnelle et souvent même transgénérationnelle,

— l'accompagnement par lequel le thérapeute crée les conditions simples permettant au patient de ressentir les émotions dans son corps, de se déconditionner peu à peu et d'apprendre à vivre sans peur ni symptôme.

Le corps : il constitue le lieu de tout, notamment de la mémoire émotionnelle qui est à la base de tous les troubles. Il faut se rendre à l'évidence : le langage verbal est une représentation secondaire de l'expérience humaine. Les fondements de l'expérience humaine sont émotionnels, perceptifs et, au final, corporels. Le corps ne ment pas. Tandis que, comme le dit si bien un proverbe africain, « le bon Dieu a créé le verbe chez l'homme pour qu'il cache ses sentiments ». Toute souffrance humaine est liée à un trouble de la conscience de soi dont la base est le corps, et non pas l'intellect ni la pensée.

Par cette thérapie de la mémoire du corps, le patient apprend à « descendre » dans son corps et à découvrir les émotions qui y sont emprisonnées.

L'importance essentielle du corps en la matière a été soulignée par des thérapeutes de renom comme Carl Rogers, un des trois psychothérapeutes les plus cités dans les travaux universitaires américains. Lui aussi fonde sa thérapie sur la prise de conscience des émotions via les sensations du corps. Car la prise de conscience ne peut être vraiment libératrice que si elle est « expériencielle », c'est-à-dire émotionnelle et corporelle. Alors que le langage intellectuel vient barrer, par la rationalisation, la prise de conscience de ce qui est primordial : l'émotion.

La répétition : les souffrances humaines proviennent de la méconnaissance des réalités émotionnelles refoulées. Ce refoulement est source de perturbation de l'unité de la personne, par le langage des rationalisations secondaires séparant l'individu d'avec ses fondements existentiels. Dans ces conditions, lorsqu'un événement traumatisant survient, c'est la débandade ; l'émotion non intégrée envahit, tel un torrent, la conscience. La détresse et la maladie en découlent.

La répétition des mêmes comportements de détresse face aux situations critiques de la vie permet ici au thérapeute, praticien de la mémoire du corps, de découvrir la signification de l'émotion cachée génératrice de souffrance.

L'émotion : les souffrances ne sont pas générées par une cause *a priori* intellectuelle. Ce sont toujours les émotions qui font souffrir. Elles sont chargées de sens : honte, peur, colère, culpabilité. Or, la mémoire du corps est par essence émotionnelle.

L'accompagnement : il s'agit donc d'éviter l'emprise des défenses mentales en descendant dans son corps et en sentant à travers lui l'émotion et le sens qui lui sont attachés. L'accompagnement permet au patient de suivre cet itinéraire et d'aller de proche en proche à la découverte de ces émotions.

Cela ne veut pas dire, comme le souligne bien l'auteur, qu'il faut cesser de penser, mais bien qu'il faut reconnecter la pensée aux sources mêmes du vécu afin que le patient pense par son corps, et non pas à son corps défendant ! Einstein ne déclarait-il pas : « Je pense avec tout mon corps » ? C'est ainsi qu'il y aura une réconciliation du cœur (l'intelligence émotionnelle) et de la pensée par la découverte de l'émotion contenue dans le corps.

Par ailleurs, de nombreuses observations nous apprennent que cette répétition des troubles dans la vie a souvent un aspect transgénérationel : la maladie ou la souffrance se reproduisent alors avec une certaine cyclicité sur plusieurs générations ; phénomène étrange, inexplicable. Ainsi, Anne Ancelin Schutzenberger, professeur de psychologie à l'université de Nice, rapporte dans ses livres des exemples très frappants de répétitions pour lesquels elle nous dit qu'il n'existe actuellement pas d'explication scientifique. Là encore, le travail de Myriam Brousse consiste à repérer ce phénomène et à faire prendre conscience des émotions qu'il cache afin de « désengrammer » la personne et de l'en libérer.

Ces quelques mises au point permettront certainement au lecteur de mieux appréhender les exemples simples donnés dans ce livre, mais qui sont étayés par la longue expérience et les investigations laborieuses de son auteur.

Pr Cyrus Irampour,
médecin, psychiatre, docteur en psychologie
et en philosophie.

TABLE DES MATIÈRES

Photocomposition Nord Compo
Imprimé en Allemagne par GGP Media GmbH

Pour le compte des Éditions Marabout.
Dépôt légal : Mars 2013
ISBN : 978-2-501-08479-6
4127239/03